Gerhard Wehr

Franz von Assisi

Gerhard Wehr

Franz von Assisi

marixverlag

Bibliografische Information der Deutschen Nationalbibliothek
Die Deutsche Nationalbibliothek verzeichnet diese
Publikation in der Deutschen Nationalbibliografie;
detaillierte bibliografische Daten sind im Internet über
http://dnb.d-nb.de abrufbar.

Lektorat: Dr. Bruno Kern, Mainz
Bildnachweis: Die Vogelpredigt des Heiligen Franziskus
von Taddeo di Bartolo, 1403.
© Landesmuseum Hannover - ARTOTHEK
Satz und Bearbeitung: Medienservice Feiß, Burgwitz
Der Titel wurde in der Stempel Garamond gesetzt.
Gesamtherstellung: CPI books GmbH, Ulm
Printed in Germany

ISBN: 978-3-86539-355-5

www.marixverlag.de

Inhalt

Einleitung

Als eine herausragende, ebenso imponierende wie impulsgebende Gestalt in der Geschichte der Christenheit trat Francesco, der *heilige Franziskus*, der Arme von Assisi, an der Wende vom 12. zum 13. Jahrhundert in Erscheinung. Zweifellos gehört er bis heute zum Kreis derer, die auch im außerkirchlichen Raum ihrer spirituellen Bedeutung nach bekannt und geschätzt sind. Als ein Mensch der Gottes- wie der Menschenliebe hat er, der enthusiastische Liebhaber der „Frau Armut“ (*Donna povertà*), der *Poverello* und Dichter des *Sonnengesangs*, seiner geschwisterlichen Beziehung zu den Elementen der Erde wie zu allen Geschöpfen einen beispielgebenden Ausdruck verliehen. So gilt er Ungezählten als einer der liebsten – wie Rilke sagt: „der Innigste und Liebendste von allen“ –, der menschlichsten und damit der glaubwürdigsten Heiligen. Einen solchen Heiligen verkörpert er nicht zuletzt deshalb, weil ihm aller Pomp und alles Gepränge einer der Veräußerlichung wie der Macht verschriebenen Kirche fremd geblieben sind. Frei und unbelastet von der Fessel des Besitzes, hat er Unzähligen seit Jahrhunderten ein Beispiel gegeben, auch wenn sie ihm mit der ihm eigenen Radikalität nicht nachzufolgen vermochten.

Seine Erscheinung erweckt trotz seiner mitunter auch befremdlich anmutenden rückhaltlosen Verzichtsbereitschaft liebende Anteilnahme. Von seiner Lebensführung geht seit Jahrhunderten – um es nochmals zu sagen – eine anrührende, eine beispielgebende geistliche Kraft aus! Dennoch bedarf Franz von Assisi keiner künstlichen Idealisierung.

In der Tat, mit der konkreten Gestalt seines durch Entschiedenheit gekennzeichneten Lebens mag er nicht immer Zustimmung finden. Aber durch seine von großer Schlichtheit geprägte elementare Frömmigkeit hat der durch die Christus-Stigmata Gezeichnete ein weithin leuchtendes, zugleich ein fortdauerndes Signal gesetzt. Franziskanische Bedürfnislosigkeit scheidet die Geister. Sie vermag zu jeder Zeit zur Besinnung zu rufen. Unsere Zeit hat sie nötiger denn je!

Es war Rainer Maria Rilke, der zu Beginn des 20. Jahrhunderts im dritten Teil seines *Stundenbuches* an Franziskus und an einige Stationen seines inneren Lebens mit diesen Worten erinnert hat:

O wo ist der, der aus Besitz und Zeit
zu seiner großen Armut so erstarkte,
dass er die Kleider abtat auf dem Markte
und bar einherging vor des Bischofs Kleid.
Der Innigste und Liebendste von allen,
der kam und lebte wie ein junges Jahr,
der braune Bruder deiner Nachtigallen,
in dem ein Wundern und ein Wohlgefallen
und ein Entzücken an der Erde war.

Denn er war keiner von den immer Müdern,
die freudeloser werden nach und nach,

mit kleinen Blumen wie mit kleinen Brüdern
ging er den Wiesenrand entlang und sprach.
Und sprach von sich und wie er sich verwende,
sodass es allem eine Freude sei;
und seines hellen Herzens war kein Ende,
und kein Geringes ging daran vorbei.

Er kam aus Licht zu immer tieferm Lichte,
und seine Zelle stand in Heiterkeit.
Das Lächeln wuchs auf seinem Angesichte
und hatte seine Kindheit und Geschichte
und wurde reif wie eine Mädchenzeit.

Und wenn er sang, so kehrte selbst das Gestern
und das Vergessene zurück und kam;
und eine Stille wurde in den Nestern,
und nur die Herzen schrien in den Schwestern,
die er berührte wie ein Bräutigam.

Dann aber lösten seines Liedes Pollen
sich leise los aus seinem roten Mund
und trieben träumend zu den Liebevollen
und fielen in die offenen Corollen
und sanken langsam auf den Blütengrund.

Und sie empfingen ihn, den Makellosen,
in ihrem Leib, der ihre Seele war.
Und ihre Augen schlossen sich wie Rosen
und voller Liebesnächte war ihr Haar.

Und ihn empfing das Große und Geringe.
Zu vielen Tieren kamen Cherubim
zu sagen, dass ihr Weibchen Früchte bringe –

und waren wunderschöne Schmetterlinge:
Denn ihn erkannten alle Dinge
und hatten Fruchtbarkeit aus ihm.

Und als er starb, so leicht wie ohne Namen,
da war er ausgeteilt: sein Samen rann
in Bächen, in den Bäumen sang sein Samen
und sah ihn ruhig aus den Blumen an.
Er lag und sang: Und als die Schwestern kamen,
da weinten sie um ihren lieben Mann.

O wo ist er, der Klare, hingeklungen?
Was fühlen ihn die Jubelnden und Jungen,
die Armen, welche harren, nicht von fern?
Was steigt er nicht in ihren Dämmerungen –
der Armut großer Abendstern.

Diese und ähnliche Fragen verstärken sich eher noch, wenn man sieht, wie frühzeitig sich ein Kranz von Legenden um die schlichte, gleichwohl außerordentliche Lebensgeschichte dieses Mannes legte. Dichtung und historische Wahrheit durchdrangen sich bisweilen. Sie verschmolzen zu einem eigentümlichen Ganzen, zu einer Rühmung dieser rückhaltlosen, zugleich unnachahmlichen Christus-Nachfolge.

Freilich, nur ein gerade ausreichendes, somit knappes Minimum an belegbaren Fakten und an authentischen Selbstzeugnissen liegt vor, um sein Leben und seine Jesus-Liebe nachzeichnen zu können. Wer wollte im Übrigen den Wahrheitsgehalt einer deutenden Dichtung in Zweifel ziehen, die, eindringlicher als aktenmäßig notierte Daten es vermögen, eine geistige Wirklichkeit bezeugt? Mit bloßen abstrakten Begriffen allein lässt sich die von ihm gestiftete, von Generation zu Generation gelebte franziskanische Spiritualität nicht definieren, denn das hieße, einen in seiner Art einzigartigen Menschen begrenzen.

So spricht die Legende vom exemplarischen Leben des heiligen Franz und von seinem zeichenhaften Tun eine bisweilen überzeugendere, eine tiefere Wesensschichten erschließende Sprache, nämlich die Sprache seiner eigengeprägten christlichen Mystik. Auch sie hebt sich von anderen Gestalten innerer Erfahrung in markanter Weise ab. Das gilt es anhand seiner Biografie zu prüfen. Daher bedurfte es stets auch der behutsam deutenden Schilderung durch bildende Künstler seiner Zeit – unter ihnen etwa Giotto oder Fra Angelico –, die uns des Franziskus Antlitz und Gebärde, seine anrührende Demutsgebärde einzuprägen bemühten. So stehen neben den zeitgenössischen Aufzeichnungen, neben jenen wenigen Zeilen aus seinem Mund, und neben der ersten und zweiten Franziskus-Vita eines Thomas von Celano[1] die poetisch verklärenden *Fioretti*, die *Blümlein*. Es handelt sich um „jenen Blütenkranz altitalienischer Berichte und Legenden, den man dem geliebten Volksheiligen etwa hundert Jahre nach dem Tode umgewunden hat. Diese *Blümlein* entwachsen dem historischen Grunde, den sie heiter überkleiden und gewiss auch überwuchern, immer neu wird man sich an ihnen erfreuen."[2] – Es versteht sich, dass die biografische Vergewisserung sich, abgesehen von den Texten des Franziskus, an die relativ nüchtern gehaltenen Aufzeichnungen des Thomas von Celano halten wird, so poetisch ansprechend die späteren Idealisierungen sein mögen.

1 Thomas von Celano stammte aus den Abruzzen (gest. um 1260). Er war zwischen 1221 und 1227 in Deutschland tätig, um den Orden der Franziskaner zu verbreiten.

2 Wolfram von den Steinen in: Franz von Assisi. *Die Werke.* Hamburg 1958, S. 151.

War es der antiken Christenheit im Laufe eines etwa dreihundert Jahre währenden Prozesses[3] der Verfolgung und des Ringens um Anerkennung gelungen, im römischen Weltreich religiöse Gleichberechtigung (313) zu erreichen und dann darüber hinaus vor allen anderen Religionen die Privilegien einer Staatskirche in Anspruch zu nehmen, so bedeutete dieser Aufstieg noch keinen Stillstand. Im Gegenteil: Noch ehe das erste nachchristliche Jahrtausend vergangen war, hatte die lateinische Kirche dank kaiserlicher Förderung den Status einer in sich ruhenden, eigenständigen Weltmacht erlangt. Doch ist in diesem „Sieg der Kirche" etwa ein erstrebenswerter „Erfolg" zu sehen? Kaiserreich und Kirche, Imperium und Sacerdotium, zwei letztlich nicht miteinander zu vergleichende Streithähne auf der weltpolitischen Bühne, kämpften Jahrhunderte lang um die Vormachtstellung, als sei einst Jesus Christus Mensch geworden, um zu einem derartigen Kräftemessen antreten zu wollen.

Ungeheuerliches war geschehen, blickt man vergleichsweise auf die frühe Geschichte der Christenheit! Wem im Mittelalter von Fall zu Fall mit der Übereignung der Kaiserkrone die weltliche Macht zuerkannt werden sollte,

3 Wird von der Verfolgung der Christenheit im römischen Reich gesprochen, die durch das Toleranzedikt von Mailand (313) zu einem Abschluss gekommen ist, dann sind etwa drei verschiedene Abschnitte zu unterscheiden: die Zeit despotischer Herrscherwillkür, z.B. unter Kaiser Nero bis etwa um 100; die Zeit der Christenprozesse (um 100–250), u.a. unter dem Philosophen-Kaiser Mark Aurel; sowie die Zeit einer planmäßigen und allgemeinen Verfolgungswelle (250–311). Vgl. Theodor Bock: Ein Gang durch die Kirchengeschichte. 9.Aufl. München 1948, S. 9–14.

bestimmte fortan der Bischof von Rom, der Seelenhirte aller Getauften, in seiner Eigenschaft als angeblicher *Stellvertreter Christi auf Erden.* Segensspruch und Bannfluch des Papstes vermochten die Weltgeschichte und die Geschicke vieler Völker zu beeinflussen, Jahrhunderte lang! Der sprichwörtliche *Gang nach Canossa* mit dem Kniefall Kaiser Heinrichs IV. vor Papst Gregor VII. im Jahre 1077 wirft im gegebenen Augenblick ein Licht auf die bestehenden problematischen Verhältnisse in Kirche und Welt – ein Beispiel von vielen!

Wer ermisst dabei die unerhörte, die nicht zu überbrückende Distanz zwischen dem unbehausten Juden aus Nazaret und den das Seelenheil der Menschen verwaltenden Machthabern, die ihre religiöse Autorität von eben diesem Jesus Christus abzuleiten beanspruchen! Sollte die christliche Agape der selbstlosen Menschenliebe bei seinem irdischen Vicarius inzwischen durch cäsarische Züge in einem erschreckenden Maße und bis zur Unkenntlichkeit verkommen pervertiert worden sein?

Immerhin, „die Idee des alten Reiches war das *Corpus Christianum,* das geistlich-weltliche Universalreich. Dieses Einheitsreich war in seinem Bestand auf die Zusammenarbeit der beiden Gewalten, der weltlichen und der geistlichen, angewiesen. Kaisertum und Papsttum waren zwar zwei natürliche Rivalen, aber durch die Idee des Einheitsreiches zugleich aufeinander angewiesen. Indem das Papsttum den Vernichtungskampf gegen das Kaisertum führte, zerstörte es die Grundlagen seiner eigenen Machtstellung."[4] Andererseits kündigte sich im 13. Jahrhundert „das Ende der Vorrangstellung der universalen

4 Walther von Loewenich: Der Weg des Evangeliums durch die Welt. München 1949, S. 52 f.

Gestalten, des fränkisch-römisch-deutschen Kaisertums und des Papsttums", an.[5]

Als der zu kompromissloser Christusnachfolge entschlossene Franz von Assisi vor seinem kirchlichen Oberherren kniete und die Bitte aussprach: „Herre, Papst, dürfen wir arm sein?", da handelte es sich um Innozenz III. (1198–1216), der zu seiner Zeit das höchste kirchliche Leitungsamt in Händen hatte. Ihn bestimmte das vermessene Selbstbewusstsein, dass er als Papst, als „Sonnenpapst", zwar geringer als Gott sei, jedoch größer als jeder andere Mensch! Er, der *Pontifex maximus* (oberster Brückenbauer), stehe als alleiniger Mittler zwischen Gott und der Menschheit. Ihm sei – gleichsam als dem Herrn aller Herren dieser Erde – in Gottes Namen die Weltherrschaft anheimgestellt. Bibelworte werden von und für ihn zu eben diesem Zweck manipuliert. Sie müssen mittels einer augenscheinlichen Fehlinterpretation dazu herhalten, seiner priesterlichen Position einen Anschein der Allmacht zu verleihen. Beabsichtigt ist, so etwas wie einen theologischen Schriftbeweis für die Rechtmäßigkeit der eigenen Ansprüche herzustellen. Die Bibel soll die angemaßte Doppelfunktion dieses Papstes rechtfertigen.

So ist im Lukasevangelium (Lk 22,38) einmal von *zwei Schwertern* die Rede. Innozenz leitete hiervon die beliebig zu instrumentalisierende sogenannte „Zwei-Schwerter-Theorie" ab, als stehe es dem Nachfolger auf dem römischen Stuhle Petri zu, alle beiden Schwerter zu führen, das heißt: Zusammen mit der geistlichen Funktion des Priesters sei ihm auch die Macht zugesprochen, nämlich das Schwert des weltlichen Herrschers nach Belieben zu

5 Leuschner / Bookmann: Europa im Hoch- und Spätmittelalter. Stuttgart 1982, S. 43.

handhaben. Und wenn der Apostel Paulus (1 Kor 2,15) davon spricht, dass der geistlich gegründete Mensch alle und alles richte (*iudicat omnia*), er selbst aber von niemandem gerichtet werde für sein Tun und Lassen, also nicht zur Rechenschaft gezogen werden könne (*ipse a nemine iudicatur*), dann ist das Ausmaß an Missdeutung des Gotteswortes kaum mehr zu überbieten. Und das geschieht durch denjenigen, dem gleichzeitig das Lehramt der Kirche anvertraut sein soll?

Nun ist Franz von Assisi weder als Kritiker einer verweltlichten Kirche noch eines Papsttums nach der Art Innozenz' III. aufgetreten. Dafür haben sich andere als zuständig angesehen. Es mag daher auf den ersten Blick verwundern, wenn man erfährt, wie der *Poverello* in seinen jungen Jahren durchaus kriegsbegeistert für seine Vaterstadt Partei ergriff und an einem gerade ausgebrochenen Städtekrieg teilnahm. Aber die Aufgabe der tätigen Kirchenkritik überließ Franziskus eben anderen, etwa den Katharern, jener bedeutsamen Ketzerbewegung Südfrankreichs. In mit großer Grausamkeit geführten Kämpfen wurden diese neben anderen religiösen Aufbruchsbewegungen des 12. und 13. Jahrhunderts – letztlich auf päpstliches Geheiß – blutig niedergeschlagen und zum Schweigen gebracht. So kam es im Zeitalter der Kreuzzüge gegen die Muslime im Vorderen Orient in gleicher Weise zu einem Ketzerkreuzzug (*Albigenserkrieg*) in den südfranzösischen Provinzen (1209–1229).

Die Lebenszeit des Franziskus fällt sodann in jene Epoche, in der sich der Laie erhebt, nachdem die Träger der priesterlichen Weihe durch bischöfliche Entscheidungen ein Übergewicht an Macht und Einfluss gewonnen haben. So geschehen unter anderem durch das von Innozenz III. einberufene Vierte Laterankonzil. Verkündet wurde dabei das Dogma von der *Transsubstantiation*, das heißt die Lehre von dem Wandlungsgeschehen beim Abendmahl (der *hl. Messe, Eucharistie*). Der große Machtzuwachs des Priesterstandes ergibt sich aus der Tatsache, dass allein der durch einen römischen Bischof geweihte Priester befähigt sei und ermächtigt ist, Brot und Wein in Leib und Blut Jesu Christi zu verwandeln. Nur auf diese Weise sei die spirituelle Realpräsenz bei der sakramentalen Kommunion heilsmächtig gewährleistet. Damit ist aber auch der Kelchentzug für die Laien verbunden – ein Defizit, mit dem sich später die Anhänger des böhmischen Reformators Jan (Johannes) Hus im 15., sodann die Reformatoren des 16. Jahrhunderts, an ihrer Spitze Martin Luther, nicht abfanden.

Der Priester ist somit über die Masse der Laien emporgehoben. Der hierarchische Charakter ist damit aufs Engste mit dem sakramentalen Geschehen verbunden. Wieder ist eine kaum überbrückbare Distanz zwischen dem Abschiedsmahl des Jesus von Nazaret und dem katholischen Messkultus zum Ausdruck gebracht. Und was den gering geachteten, sogenannten Laien betrifft, so bleibt oftmals außer Acht, dass das entsprechende griechische Wort, *laós*, Volk heißt. Diesem Gottesvolk gehören auch Priester an. Dem Laien, jedem Angehörigen des Gottesvolkes, kommt demnach bereits durch die Taufe eine unverletzliche geistliche Würde zu.[6] Dabei ist es bemerkenswert, dass Franz von Assisi für sich nie die Priesterweihe angestrebt oder erhalten hat. Er respektierte die in seinen Tagen bestehende Kirchenordnung durchaus, mithin auch die Inhaber des priesterlichen Amtes. Doch musste er darauf bedacht

6 Es war Martin Luther, der diese Tatsache in seiner reformatorischen Schrift „An den christlichen Adel deutscher Nation …“ (1520) herausgestellt hat.

sein, dass eines Tages auch Brüder seiner Gemeinschaft in die Lage versetzt werden, die Sakramente wirkmächtig zu spenden.

Das Zeitalter des Franziskus ist sodann durch eine Blüte christlicher Frömmigkeit gekennzeichnet. Es ist die Zeit der himmelan strebenden gotischen Kathedralen, Stätten der sakramentalen Mysterienfeier und der Sammlung der Gläubigen zum Gebet. Mit großem Ernst beginnen Einzelne, geistlich ausgerichtete Männer und auch Frauen aus dem Volk, etwa als Begarden und Beginen wie Mechthild von Magdeburg[7] (gest. um 1282), die Nachfolge Christi in immer neuen Formen religiöser Gemeinschaftsbildung zu praktizieren. Reformbewegungen beginnen innerhalb wie außerhalb der Klöster im Geiste Jesu zu leben. Sie vermögen neue spirituelle Akzente zu setzen. Immer sind das gesellschaftliche Leben und die große Politik mit betroffen.

Hatte sich im 11. Jahrhundert im burgundischen Cluny ein solcher klösterlicher Erneuerungsimpuls zu entfalten begonnen, so folgte mit der im ebenfalls französischen Cîteaux entstandenen Mönchsgemeinschaft eine Wiederbelebung der benediktinischen Ideale der Armut, der Ehelosigkeit und des Gehorsams, und zwar in Gestalt des Zisterzienserordens. Als herausragende, sein Jahrhundert bestimmende geistliche Gestalt hat Bernhard von Clairvaux (1090–1153) zu gelten.[8] Philosophie und Theologie finden in der geistigen Strömung der *Scholastik* ihre charakteristische Prägung, das heißt: Es geht darum, das Denken in den Dienst des Glaubens zu stellen: Die Philosophie, namentlich die des griechischen Philosophen Aristoteles, wird zur

7 Mechthild von Magdeburg: „Das fließende Licht der Gottheit“. Kommentiert von Gerhard Wehr. Wiesbaden 2010.

8 Gerhard Wehr: Bernhard von Clairvaux. Wiesbaden 2012.

„Magd der Theologie“ (*Philosophia ancilla theologiae*). An Universitäten wie Paris und Oxford werden gelehrte Bettelmönche, Dominikaner und Franziskaner, die tragenden Säulen der zeitgenössischen Bildung darstellen.

Schließlich ist von dem Menschheitsproblem der *Armut* als einem maßgeblichen Zeitzeichen zu sprechen, eben auch und gerade in den Tagen des Franziskus – und dies bis heute! Abgewandelt haben sich die Ursachen und Erscheinungsformen, geblieben ist das Faktum – weltweit! Bei dieser Armut handelt es sich um alles andere als um einen – ebenfalls nach Rilke – lyrisch gerühmten „großen Glanz von innen“! Gemeint sind vielmehr die in alle Lebensbereiche sich erstreckenden Nöte, wie sie gerade im Mittelalter durch epidemisch sich ausbreitende Krankheiten, durch Kriege und Gewalttaten aller Art hervorgerufen wurden, ferner durch wirtschaftliche Missstände und Katastrophen. Die Produktionsweisen beginnen sich zu verändern, z.B. in Gestalt der Manufaktur, das heißt einer arbeitsteiligen Herstellung der betreffenden Erzeugnisse, unter anderem in der Textilbranche. Wer sich dieser Praxis bedienen und Angelernte für sich arbeiten lassen kann, wirtschaftet effektiver. Reichtum entsteht, der Fernhandel blüht auf. Franz' Vater agiert auf diesem Wirtschaftsgebiet, während er selbst sich diesem Gewinnstreben versagt. An die Stelle des Warentausches tritt die Geldwirtschaft. Durch Geldverleih lassen sich Zinserträge in wechselnder Höhe erzielen, das Bankwesen beginnt großen Einfluss zu nehmen. Und den dunklen Schatten dieser Entwicklung bildet immer wieder die um sich greifende Armut breiter Volksschichten!

Solche hier nur anzudeutenden Vorgänge auf dem wirtschaftlichen Sektor von Produktion und Handel verändern naturgemäß die sozialen Strukturen, insbesondere in den sich jetzt bildenden Städten. Gleichzeitig entsteht die soziale Schicht derer, die weder Grund und Boden besitzen noch über nennenswerte Erwerbsquellen verfügen. Bettler und in ihrer Existenz bedrohte Unbehauste gehören wie selbstverständlich, gleichsam als eine natürliche Gegebenheit, zur bürgerlichen Gesellschaft. Ihnen sucht die christliche Nächstenliebe, die kirchliche der Klöster und die bürgerliche in den Städten, Abhilfe zu schaffen, ohne freilich eine Problemlösung herbeiführen zu können. „Arme habt ihr allezeit bei euch", lautet bereits ein Jesus-Wort (Mt 26,11).

Diesem Phänomen der unfreiwilligen, der schicksalhaften Armut steht noch eine andere Tatsache gegenüber. Sie besteht darin, dass bestimmte Menschen das Los der Armut ohne jeden Zwang und in voller Freiheit auf sich nehmen. Es sind jene, die im Armsein eine adäquate Möglichkeit erblicken, das *Leben des armen Jesus* zu ihrer eigenen Lebensform zu machen, und zwar samt allen daraus sich ergebenden notvollen Konsequenzen des Unversorgtseins und der Gefährdung: Es ist die als Tugend gelebte apostolische Armut (*paupertas apostolica*). Ihre Angehörigen, Männer, Frauen, Kinder einer meist ungeformten Armutsbewegung, *Pauperes Christi*, durchziehen das Land. Eines ihrer Leitworte lautet: „Nackt dem nackten Christus am Kreuz nachfolgen", sein Leben führen, die *„imitatio Christi"*. Es handelt sich hierbei um eine Frömmigkeitsübung, die sich in der sogenannten *Devotio moderna* noch im Spätmittelalter findet.[9] Nicht wenige üben auf diese Weise Kritik an der saturierten, an der dem Besitz wie der Machtausübung verschriebenen Kirche und deren in Prunk und Wohlleben sich ergehenden „geistlichen" Oberen.

9 Vgl. Thomas von Kempen: Nachfolge Christi. Textauswahl und Kommentar von Gerhard Wehr. Wiesbaden 2011.

Gleichzeitig ist ein der so entarteten Kirche gefährlich werdendes *häretisches Potenzial* entstanden. Schon wer den geweihten Amtsträgern die Tatsache vor Augen hält, Jesus und die Apostel seien Arme gewesen, setzte sich dem Verdacht der antiklerikalen Ketzerei aus. Nicht nur die Geschichte des Mittelalters lässt sich aus solchen Gründen als eine Geschichte der Ketzerverfolgung schreiben.[10] Damit schlägt die Stunde der Bettelorden, der Dominikaner wie der Franziskaner sowie weiterer Verbrüderungen, unter ihnen die „Humiliaten", die – dies ist besonders hervorzuheben – *freiwillig* und noch viel radikaler als etwa die bereits bestehenden, die bekannten Ordensgemeinschaften, an ihrer Spitze Benediktiner- und Zisterziensermönche, auf persönlichen, bis zu einem gewissen Grad auch auf gemeinschaftlichen Besitz verzichten. Neben Keuschheit und Gehorsam gilt die Armut als der dritte der sogenannten „evangelischen Räte". Grundsätzlich aber gilt: Was nicht dem bedürftigen Mitmenschen dient, verliert seine Berechtigung.

Einer von ihnen, der bereits vor Franz von Assisi evangeliumsgemäß die Christus-Nachfolge (Mt 19,21) vollzog, sei noch genannt. Es ist der Franzose Waldes[11] (bisweilen auch Petrus Valdes genannt). 1177/78 hat sich der wohl nicht nur auf ehrliche Weise reich gewordene Kaufmann aus Lyon das Evangelienwort und das in der sogenannten Alexius-Legende erzählte Vorbild buchstäblich zu Herzen genommen, seinen Besitz aufgegeben und ein Wanderleben nach Art der Apostel begonnen. Waldes brachte die nach

10 Christoph Auffarth. Die Ketzer. 2. Aufl. München 2009.

11 Die Forschung hat zwar die Geschichtlichkeit des Waldes bestätigt, nicht aber den ihm häufig beigelegten Vornamen Petrus (Pierre). Vgl. Walter Mohr: Waldes und das frühe Waldensertum., in: Zeitschrift für Religions- und Geistesgeschichte IX, 1957, S. 337 ff.

ihm benannte Bewegung der Waldenser in Gang. Seine von ihm und seinen Gefährten geübte strenge Lebensführung fand zwar Anerkennung, doch die von ihnen angestrebte Laienpredigt wurde ihnen – wie so vielen anderen späteren Geistesverwandten – versagt. Auf dem Regionalkonzil von Verona 1184 wurden die Armen von Lyon, die den Weisungen des Waldes gefolgt sind, durch Papst Lucius III. als Häretiker verurteilt. Die kirchlichen Ketzerverfolger waren nicht immer in der Lage, zwischen den umtriebigen Wanderpredigern der Zeit zu unterscheiden. Die Bewegung der Waldenser, den Brüdern des Poverello durchaus nah verwandt, mündete schließlich ein in eine durch die entschiedene Christus-Nachfolge charakterisierte reformatorische Gemeinde, und dies etwa zwei Jahrhunderte vor der Reformation Martin Luthers.

Stationen seines Lebens

Nicht alle Lebensdaten des Franz von Assisi lassen sich zweifelsfrei ermitteln. Erschlossen hat man 1181, daneben 1182 als sein wahrscheinliches Geburtsjahr. Als Sohn des wohlhabenden Tuchhändlers Pietro Bernardone und seiner Ehefrau Pica wird er in Assisi, einem umbrischen, am Fuße des Monte Subasio gelegenen Bergstädtchens, geboren. Umbrien lässt sich insbesondere in damaliger Zeit als eine reich bewaldete Mittelgebirgslandschaft beschreiben. Ihr besonderes Gepräge erfährt sie durch einen Reichtum und eine Vielfalt an Felsen, an Höhlen und Klüften. Das ist schon deshalb eigens zu erwähnen, weil der abtrünnig gewordene Bernardone-Sohn sich in späteren Jahren unter bewusstem Verzicht auf ein bergendes Kloster zusammen mit seinen Gefährten, den Minderen Brüdern und späteren

Franziskanermönchen, als Einsiedler in dieser Umgebung aufhalten wird.

Sein ursprünglicher Name lautet *Giovanni Bernardone.* Man nennt ihn aber – möglicherweise in Anlehnung an die angebliche, jedoch offenbar nicht gesicherte französische Herkunft seiner Mutter – *Francesco* (Französlein). Geschäftlicher Erfolg und Reichtum des Vaters erlauben dem Sohn ein sorgloses bürgerliches, zugleich ein wirtschaftlich ungebundenes und freizügiges Leben. So versteht es sich wie von selbst, dass er sich in jungen Jahren einem ungezwungenen Lebensgenuss mit Seinesgleichen widmet.

Als angesichts wechselnder Herrschaftsverhältnisse zwischen mittelitalienischen Städten immer wieder ein offener Streit ausbricht und Assisi die benachbarte, ebenfalls umbrische Stadt Perugia bekriegt, nimmt Franz die Chance wahr, sich ritterlichen Ruhm zu erwerben. Offensichtlich versteht er sich in dieser seiner Anfangszeit selbst als ein Ritter, jedenfalls einer, der zu den Oberen der Gesellschaft, den *maiores,* gezählt werden möchte. Doch er gerät in Gefangenschaft und wird, etwa zwanzigjährig, 1202 im gegnerischen Perugia für mehrere Monate inhaftiert. Auch von einem Kriegszug, der ihn 1204/05 ins süditalienische Apulien führen soll, wird berichtet. Er hatte sich einer Gruppe von Kriegern angeschlossen, die auf der Seite des Papstes in dessen Auseinandersetzungen mit den Staufern kämpfen wollten.

Vorzeitig kehrt er jedoch in die Heimat zurück. Und damit beginnt die Zeit, in der wir mit seiner inneren wie äußeren Umkehr zu rechnen haben. Es handelt sich bei ihm wohl nicht um ein einziges, exakt datierbares geistliches Erlebnis, das für sein bisheriges Leben die entscheidende Wende bedeutet hätte, sondern eher um einen über einige Jahre, etwa bis zum Jahr 1208, dauernden Prozess einer grundlegenden Neuorientierung. Francesco wird zu dem, als der er weltweit bekannt werden sollte.

Man kann sich Franz als einen Menschen vorstellen, der an die Schilderung des reichen Jünglings im Evangelium erinnert. Gemeint ist jener junge Mann, der an Jesus mit der Frage herantritt, was er tun müsse, um das Himmelreich und das ewige Leben zu gewinnen, damit auch er schließlich gerettet werde. Jesu Antwort lautet (Mt 19,21): „*Willst du vollkommen sein, so gehe hin, verkaufe, was du hast, und gib es den Armen, so wirst du einen Schatz im Himmel haben, und komm und folge mir nach!*“ Damit ist Francescos Lebensthema angesprochen. Konkret heißt das: Ihm steht nunmehr ein Wechsel von den Oberen zu den Niederen oder Minderen bevor.

Von eben dieser Art ist auch der Appell, den Franziskus beim Hören des Evangeliums vernimmt. Für ihn handelt es sich hierbei nicht länger um eine als unverbindlich erachtete erbauliche Erzählung aus ferner biblischer Vergangenheit. Im Allgemeinen hört man sie, man kennt sie von Jugend an, jedoch ohne sich ihrer existenziellen Tragweite bewusst zu werden. Franz geht gleichsam ein Licht auf. Er weiß: Das Wort aus dem Evangelium geht ihn an. Und das hat Konsequenzen. Dabei gingen die Vorstellungen des jungen Bernardone, durch Stand und Beruf des Vaters bedingt, ursprünglich in eine ganz andere Richtung. Dabei kann es aber nicht bleiben.

In Assisi gibt es – wie in einer mittelalterlichen Klassengesellschaft üblich – den erwähnten Gegensatz zwischen den durch Besitz und Einfluss charakterisierten Oberen (*maiores*) in der Bürgerschaft und den mit ihrer Lage unzufriedenen Menschen der Unterschicht (*minores*). Bernardone junior strebt, wie nicht anders zu erwarten, nach dem Höheren, nach Ansehen und Einfluss. Doch er hat auch die Armen vor Augen, die Habenichtse, die Bettler. Schließlich gehören die unversorgten Kranken, die Aussätzigen, zum Bild einer mittelalterlichen Stadt. Mit denen will niemand etwas zu tun haben. In seinem bisherigen Leben spielen sie jedenfalls keine Rolle. Auch das wird sich ändern!

Wenn, abgesehen von legendarischen Erzählungen und weiteren, sein Leben ausschmückenden Schilderungen, zuverlässige historische Quellen über Franz' Jugend nur verhältnismäßig spärlich fließen, kann man sich ihn als einen in bürgerlich geordneten, wirtschaftlich gut abgesicherten Verhältnissen lebenden jungen Mann vorstellen. Vieles kann er sich mit Gleichgestellten leisten. Er ist – das charakterisiert ihn – nicht bereit, sich mit dem Mittelmaß der Möglichkeiten zu begnügen. Unversehens stellt sich jedoch eine ernste Lebenskrise ein: Sie drückt sich bei ihm in Niedergeschlagenheit und in verschiedenen Krankheiten aus. Die Aussicht, einst den Beruf seines durch Kaufmannsgeschäfte in Anspruch genommenen Vaters ausüben zu sollen, scheint für ihn nicht mehr erstrebenswert zu sein. Das muss sich ändern, er selbst muss sich ändern. Offensichtlich geht die Initiative zu einer grundlegenden Wandlung dennoch nicht von ihm selbst aus.

Die nach Francescos frühem Tod entstandenen Legenden versuchen, die Lebenswende des jungen Mannes plausibel zu machen. Ein Schlüsselerlebnis wird genannt: die Begegnung mit Aussätzigen, der natürlicherweise sich einstellende Abscheu, dann aber dessen Überwindung. Franz hört aber auch von hilfsbereiten Menschen, die sich der Elenden selbstlos annehmen, und zwar ohne Lohn, sondern aus lauterer Nächstenliebe. Dieses fürsorgliche Tun rührt ihn an. Dazu kommt die spontan sich einstellende innere Aufforderung zu Taten der Barmherzigkeit.

Er wird wie im Traum gefragt, warum er eigentlich als Ritter einem der irdischen Herren dienen und für ihn in den Krieg ziehen wolle, einem menschlichen Gebieter, der letztlich selbst nur ein Knecht seines Besitzstrebens und seiner Ruhmsucht ist. Ist es nicht Jesus Christus, der als der eigentliche *Herr aller Herren* zu gelten hat? Überlegungen wie diese werden für Francesco zum Ansporn, seine Lebensideale zu überdenken. Hin und wieder hat er das Bedürfnis, Orte der Stille aufzusuchen und sich in die Einsamkeit der umbrischen Wälder zurückzuziehen, um Klarheit zu gewinnen, schließlich die Bereitschaft, sogar seine Familie samt den hier verfügbaren Annehmlichkeiten zu verlassen.

Und da ist das kleine baufällige Kirchlein San Damiano; es steht unterhalb von Assisi. Angerührt von inneren und äußeren Erlebnissen, vernimmt er hier beim Anblick Jesu auf dem Kreuzigungsbild das Wort: „Geh, und baue mir meine Kirche wieder auf!" Es ist dieser, so könnte man sagen, unvermittelt auftauchende Gedanke, von nun an die eine und die andere reparaturbedürftige Kirche der Gegend auszubessern. An eine weiter reichende, etwa an eine spätere umfassende, kirchenreformerische Aktivität denkt er offensichtlich nicht. Dazu fehlen ihm ohnehin Motivation und alle dafür erforderlichen Voraussetzungen. Das wird auch später keine seiner Optionen werden.

Doch das – insbesondere für Vater Bernardone – Unverständliche geschieht: Franz nimmt die Aufforderung des Gekreuzigten, wie er sie zu empfinden meint, buchstäblich. Er setzt das ihm reichlich zur Verfügung stehende Geld ein, damit San Damiano instand gesetzt werden könne. Der junge Mann, der noch bis vor Kurzem von stolzen Ritterehren geträumt hatte, legt selbst Hand an und trägt Baumaterial zusammen. Der empörte Vater, dem diese

Aktivität zutiefst zuwider ist, verordnet dem vermeintlich wahnsinnig Gewordenen Hausarrest. Als diese Maßnahme nichts fruchtet, klagt er gerichtlich gegen seinen gleichsam aus der Art schlagenden Sprössling. Er entzieht ihm das zugedachte Erbe. Kurzum, aus dem Sohn mit ritterlichen Allüren wird beinahe unvermittelt ein Freund der Armen und Aussätzigen. Und er findet damit Anerkennung und Beifall, sogar unter Gleichaltrigen unterschiedlicher gesellschaftlicher Herkunft!

Den Eintritt in einen der bestehenden, klar strukturierten Mönchsorden zieht er nicht in Erwägung. Ihm schwebt lediglich eine Gemeinschaft von Brüdern vor, die gleich ihm in die Nachfolge Christi treten und ein bedürfnisloses Leben in apostolischer Armut mit ihm teilen wollen. Mit anderen Worten: Von dem Wanderprediger Jesus von Nazaret muss eine große Faszination ausgegangen sein. Dieser Impuls seiner puren Menschlichkeit muss jedenfalls nachhaltiger auf Franz gewirkt haben als das Bild vom Gottessohn und seiner himmlischen Herrlichkeit.

Im Langhaus der Oberkirche der imposanten Kirche von San Francesco in Assisi sieht man heute das um 1295 geschaffene Fresko, das im Bild die Lebenswende des jungen Mannes in einer charakteristischen Szene zur Anschauung bringt: Franziskus tritt in aller Öffentlichkeit vor seinen Vater hin und sagt sich von ihm los. Nicht länger sei er, Bernardone, sein Vater, sondern sein eigentlicher Vater sei von nun an allein der im Herrengebet angerufene *unser Vater im Himmel.* Deshalb wirft Franz sein Gewand vor Bernardone hin. Es ist gleichsam Inbegriff des väterlichen Besitzes, auf den er totalen Verzicht leistet. Damit gibt er seine bisherige Identität auf, er wird ein anderer! Enterbt zu sein, kann Francesco auf die leichte Schulter nehmen. Für ihn gilt von da an eine neue Werteordnung. Bewusst entledigt er sich alles dessen, was er bisher genossen und wertgeschätzt hat. Den Nackten umhüllt der anwesende Bischof mit seinem eigenen Mantel. Es ist, als hole die Kirche ihr ungebärdig sich stellendes Schäflein heim und berge es in ihrer Mitte. Wahrheit und Dichtung scheinen sich in diesem Bild zu vermischen. Und was den Wahrheitsgehalt der Schilderung anlangt, so wird er transparent: „Als historischer Kern der unterschiedlichen Fassungen dieser Geschichte bleibt: Die Kluft zwischen dem etablierten Vater und exaltierten Sohn, zwischen Kaufmannsstand und Bußgewand ist nicht überbrückbar. Bewusst bricht Franz mit dem alten Bernardone, dem Vertreter des aufstrebenden Bürgertums, mit seinem Geld und seinem Besitz, mit seinen Geschäften und seiner gesellschaftlichen Stellung.“[12] Im Grunde sagt sich Franz auch von derjenigen Kirche und ihrer Glorie los, die sich zum Selbstzweck geworden ist und der die Mittellosen, die Unterprivilegierten unter ihren Mitgliedern weithin gleichgültig geworden sind. Freilich wird diese Kirche später wiederum bestrebt sein, ihm in ihren Mauern als „Heiligen“ eine Funktion zu geben …

Franz ist ungefähr 25 Jahre alt. Es beginnt sein Gang *von der Heimat in die Heimatlosigkeit*. So könnte man die auch aus ganz anderen religionsgeschichtlichen Zusammenhängen bekannte Lebensentscheidung eines Menschen nennen, sei es etwa den Aufbruch Abrahams, der der Weisung Gottes gehorchend sein Vaterhaus und seine Verwandtschaft verlässt, oder sei es Siddharta Gautama Buddha, der seiner spirituellen Bestimmung folgen muss, um für sich und für die Heilsuchenden *Befreiung* zu erlangen.

12 Veit-Jakobus Dietrich: Franz von Assisi. Hamburg 1995, S. 46 f.

Nach dem Selbstverständnis des Franziskus aber hat für ihn ein neues, sein eigentliches Leben begonnen. In seinem *Testament* wird es später heißen:

Und der Herr schenkte mir in den Kirchen einen solchen Glauben, dass ich in aller Schlichtheit folgendermaßen betete und sprach: „Wir beten dich an, Herr Jesus Christus, [hier] und in allen deinen Kirchen in der ganzen Welt, und wir preisen dich, weil du durch dein heiliges Kreuz die Welt erlöst hast."

(Test 4)

Was ist geschehen? – In den Gottesdiensten, an denen Franz teilnimmt, sind es bezeichnenderweise die Aussendungsreden, mit denen Jesus seine ersten Jünger auf den Weg schickt, um die bevorstehende Ankunft des Himmelreiches vor aller Welt kundzumachen. Diese Reden nimmt Franz für sich als eine sogleich zu befolgende Weisung an. Es gilt, Heil und Frieden unter den Menschen zu verbreiten. Es handelt sich um die bedeutsamen Worte aus dem 10. Kapitel des Matthäusevangeliums, mit den Versen 5–10. Das einst an die Jesus-Jünger ergangene Wort wird nun auch für Franz und seinen ersten Anhänger lebensbestimmend, wenn es im Evangelium heißt:

Gehet nicht auf der Heiden Straße und ziehet nicht in der Samariter Städte, sondern gehet hin zu den verlorenen Schafen aus dem Hause Israel. Geht aber und predigt und sprecht: Das Himmelreich ist nahe herbeigekommen! Macht Kranke gesund, weckt Tote auf, reinigt Aussätzige, treibt böse Geister aus. Umsonst hab ihr empfangen, umsonst gebt es auch. Ihr sollt nicht Gold noch Silber noch Kupfer in euren Gürteln haben, auch keine Tasche zur Wegfahrt, auch nicht zwei Röcke, keine Schuhe, auch keinen Stecken. Denn der Arbeiter ist seiner Speise wert.

Nicht entschiedener, nicht herausfordernder und rückhaltloser könnte die Anordnung Jesu für seine Mitarbeiter am kommenden Reich der Himmel sein. Franz zweifelt nicht, dass gerade dieser Missionsbefehl ihm jetzt und hier ganz persönlich gelte. Auch sei er Wort für Wort, also buchstäblich zu nehmen. Und die im Bibeltext genannten *verlorenen Schafe aus dem Hause Israel,* das sind in der Einsicht des im Innersten Ergriffenen die Armen, die Kranken, die von der Gesellschaft als Aussätzige Gemiedenen. Ihnen will er sich fortan widmen. Dass er sich aus diesem Grund besondere ärztliche oder pflegerische Fähigkeiten angeeignet hätte, erfährt man nicht. Davon steht ja auch nichts im Neuen Testament. Ihm scheint die ganz laienhafte Hilfeleistung als solche zu genügen. Aber in diesem seinem Wollen, Nächstenliebe zu üben, bleibt er nicht allein.

Erste Gefährten aus Assisi lassen sich vom Appell ihres Freundes Francesco anfeuern und schließen sich ihm an. Sie verstehen sich allesamt als *minores,* als Minderbrüder, insbesondere für die als minderwertig geachteten Mitmenschen. Zu zweit, wie die Jesus-Jünger, gehen die Brüder über Land. Das ihnen anvertraute Gut teilen sie mit anderen Armen. Und sie haben vor allem eine unverwechselbare Botschaft, die *Botschaft vom Reich Gottes,* das nahe herbeigekommen ist. Wir hören aus ihrem Mund nichts von Kritik an dem Anstoß erregenden Gebaren der verweltlichen Kirche, also keine antikirchliche Demonstration. Franz und seine Gefolgsleute haben eher darauf zu sehen, dass sie keinen unnötigen Anstoß erregen. In diesem ärmlichen Aufzug wollen sie nicht mit irgendwelchen zeitgenössischen Häretikern oder Freigeistern verwechselt werden, die ebenfalls mit ihrer Kunde unterwegs sind. Und um als Nichtpriester die problematische Laienpredigt erlaubt zu bekommen, lässt sich Franz in seiner kirchenkonformen Haltung zum Diakon weihen. Damit ist die Spendung der Sakramente jedoch nicht verbunden. Die *Minderbrüder* beschränken sich – zumindest zu Lebzeiten ihres Stifters – auf die Verkündigung des Gotteswortes, und zwar in der schlichten Weise, wie sie ihnen gemäß dem Evangelium gegeben ist. Ihre Worte wollen nichts anderes sein als das, was ein geringer Diener auftragsgemäß zu sagen hat. In seinen *Ermahnungen* drückt dies Franziskus so aus:

Daran kannst du den Diener Gottes erkennen und sehen, ob er den Geist Gottes habe. Wenn der Herr durch ihn etwas Gutes wirkt, sieh zu, ob sein Fleisch deswegen überheblich wird – denn dies verträgt sich niemals mit jeglichem Guten! – oder ob er vor seinen Augen sich umso armseliger dünkt und sich geringer achtet als alle anderen Menschen.

(Erm 12)

Selig der Knecht, der sich nicht für besser hält, wenn ihn die Menschen groß machen und emporheben, so wenig wie wenn er für armselig und einfältig und verächtlich gilt. Denn so viel ein Mensch vor Gott gilt, so viel ist er wirklich, und nicht mehr!

(Erm 19,1)

So wenig attraktiv ein derartiges Leben in Armut anmutet und so abstoßend es ist, wenn die minderen Brüder sich mit ihrer geringen Kraft der ihnen begegnenden Lepra- oder Pestkranken annehmen, so erstaunlich ist die Reaktion in ihrer Umgebung. Neue Gleichgesinnte und zur Nachfolge Bereite finden sich als Mitstreiter ein, als gelte es in ihren

Reihen irgendwelche glorreichen Heldentaten zu vollbringen. An eine im traditionellen Sinn bekannte Ordensgründung denkt Franz jedoch noch nicht. Dergleichen wäre ihm schon wegen des in den Klöstern relativ geordneten Lebens einigermaßen elitär erschienen. Dann finden sich seit 1212 auch Frauen zusammen, angeführt von Klara (*Chiara*) aus Assisi, die nach dem Rat des Francesco eine eigenständige Schwesternschaft bilden. Aus ihrer zunächst ebenfalls losen Verbindung sollte später der zweite Orden der *Klarissinnen* entstehen.

Es versteht sich, dass der Umgang mit den Schwestern strengste Diskretion und Achtung verlangte. Deshalb Francescos eindringliches Geheiß:

Ich befehle den Brüdern insgesamt mit Nachdruck, keinen verdächtigen Umgang oder Unterredung mit Frauen zu haben, auch Nonnenklöster nicht zu betreten, jene Brüder ausgenommen, denen vom apostolischen Stuhl besondere Erlaubnis zuteil wurde. Und sie sollen nicht Taufpaten von Männern oder Frauen werden, damit kein Ärgernis unter den Brüdern oder über Brüder daraus entstehe.

(BR 11)

Dem franziskanischen *Dritten Orden* verbanden sich schließlich jene Männer und Frauen, die ihre Mission christlicher Nachfolge in Beruf und Ehe leben wollten, ohne die vollen mönchischen Gelübde auf sich zu nehmen.

Um die päpstliche Beglaubigung zu erhalten, insbesondere um vor den kirchlichen Ketzerverfolgern geschützt zu sein, stellt Franz eine Reihe von Jesus-Worten zusammen, die auf die geistliche Sendung seiner Jünger bezogen sind. Sie bilden gewissermaßen die erste franziskanische *Regula.* Ein Dokument davon ist nicht mehr erhalten. Im Grunde ging es den Minderbrüdern einfach um die Befolgung des Evangeliums und um die darauf basierende Nachfolge des armen Jesus. Spätere Ausarbeitungen einer ausführlichen franziskanischen Ordensregel mussten zu gegebener Zeit nachfolgen. Aber das war nicht mehr Sache ihres auch in dieser Hinsicht auf elementare Einfachheit setzenden Gründervaters. Sein spezielles Charisma war weder das für eine rasch wachsende Gemeinschaft erforderliche Organisationstalent, noch verfügte er über eine angemessene theologische Kompetenz. Auch hier bedurfte es einer nachträglichen internen Regelung durch entsprechend geschulte Franziskaner. Tatsächlich erwarben sich philosophisch und theologisch gebildete Minderbrüder, ähnlich den Dominikanern, hohes Ansehen an den alsbald entstehenden Universitäten, etwa an denen von Paris, Oxford oder Bologna.

Zu den Ereignissen seines Lebens gehören einige Reisen. Berichtet wird von einer Wanderung nach Rom, um die päpstliche Zustimmung zu erhalten. Von Innozenz III. erlangte er das erforderliche, zunächst mündlich ausgesprochene Placet. Er wagte 1212 sodann eine Reise in den Osten, kam aber zuerst nur bis zu der Küste von Dalmatien. Schon als der junge Francesco von den ersten Kreuzzügen hörte, sehnte er sich danach, den Boden zu betreten und die Wanderwege von Galiläa nach Jerusalem und Judäa zu gehen, die vor mehr als einem Jahrtausend Jesus beschritten hatte. Der Versuch, nach Nordafrika überzusetzen, scheiterte infolge Krankheit bereits in Spanien. Immer wieder ist davon die Rede, dass Franz erkrankt sei. Um 1219 schließt er sich dem Fünften Kreuzzug an, jedoch nicht wie einst in bekannter Pose als bewaffneter Kreuzzugsritter. Diese Frühphase seines Lebens ist für ihn endgültig abgeschlossen und gilt ihm als erledigt. Jetzt obliegt ihm die Erfüllung eines ganz anderen, neuen Auftrags. Er ist zum

Wanderprediger in der Christus-Nachfolge geworden. Als solchem gelingt es ihm, in Ägypten vor Sultan El-Kamil verkündigend aufzutreten, der ihm sogar Predigterlaubnis in seinem Herrschaftsbereich erteilt, also auch in Palästina. Schon als bloße Tatsache kann dies – von außen betrachtet – als ein nicht zu erwartender, als ein erstaunlicher Erfolg gelten! Doch der muslimische Gebieter wird sich über die Naivität und die erbärmliche Erscheinung des italienischen Poverello eher nur gewundert haben. Auch bedurfte man einer Friedensstiftung durch diesen sonderbaren Heiligen aus Umbrien wohl nicht, zumal der Sultan in der betreffenden Situation seinerseits um eine Verständigung mit den Kreuzfahrern bemüht gewesen sein soll.[13]

Dennoch steht ein äußeres Gelingen seiner Unternehmungen keinesfalls im Vordergrund seiner Erwartungen. Stets geht es ihm darum, auf jede nur denkbare Weise seinem Herrn nahe zu kommen, ihm ähnlich zu werden, mystische Gleichförmigkeit (*conformitas*) zu erlangen. Als er in den Weihnachtstagen zurückgezogen in Greccio im Rietital weilt, kommt er auf den Gedanken, seine Predigt von der Menschwerdung im Freien vor einer Futterkrippe zu halten. Vom Papst hat er die Erlaubnis erwirkt, dass ein Priester hierbei die Eucharistie feiert. Er selbst verkündet die ihm vertraute Botschaft von der Selbsterniedrigung Gottes: *Deus semper minor – Gott ist immer noch kleiner, in der Ohnmacht immer noch mächtig, im Tod immer noch lebendig, im Kleinen groß, im Kind der unbegreifliche Gott.*

Das bestimmende spirituelle Element seines Lebens, das er auch seinen Gefährten nahezubringen sucht, ist das Gebet und die innere Verbindung mit Christus. Um dieses

---

13 Steven Runciman: Geschichte der Kreuzzüge. München 1957, S. 936.

vor der Öffentlichkeit verborgenen Betens willen zieht sich Francesco in die Einsamkeit zurück. Eine in den Kirchen zur Schau getragene Frömmigkeit hätte sein Verlangen nach mystischer Innerlichkeit eher gestört.

Ein solcher Ort der Einkehr wird für ihn der abgelegene *Monte Alverna* (auch *La Verna* genannt) in der Nähe von Chiusa im Apennin. Bis heute ist dieser Berg ein Zentrum franziskanischer Frömmigkeit. 1213 erhalten die Minderbrüder diese bewaldete Höhenregion geschenkt. Es ist der Ort, an dem Franz von Assisi während der Tage seines Fastens gemäß der Überlieferung am 14. September 1224 in Gestalt seiner spontanen Stigmatisation die Leidensmale Jesu empfängt. Das Geschehen als solches, das im Laufe der Kirchengeschichte mehrfach auch von anderen Menschen bezeugt ist, birgt ein Geheimnis. Den Verehrerinnen und Verehrern des Heiligen ist bewusst, dass es diese Zeichen der Passion Jesu sind, durch die Franziskus vor anderen ausgezeichnet ist.

„Von Stigmatisation spricht man dort, wo die Wunden Christi, die in einem ekstatischen visionären Erlebnis auf den Visionär, die Visionärin übertragen werden, auch am Leibe des Visionärs sichtbar hervortreten.“[14] Franz wird sich durch die Vergegenwärtigung der Passion Christi schon lange in dem Sinne auf das Ereignis vorbereitet haben, dass der Leidensweg Christi mit den bekannten Stationen seine Meditation bestimmt hat. War es doch der Gekreuzigte, der ihn einst in der Kirche von San Damiano angesprochen und inspiriert hat. Wir dürfen uns seine Seele von diesem Aspekt der Christus-Wirklichkeit gleichsam imprägniert vorstellen. Was er vor jenem Al-

14 Ernst Benz: Die Vision. Erfahrungsformen und Bilderwelt. Stuttgart1969, S. 403.

tarbild erlebt hatte, was von ihm Besitz ergriffen hatte, das bekundet sich nun in dieser eigentümlichen Verleiblichung seines Frommseins.

Es waren seine Schüler, etwa Thomas von Celano, denen wir die Mitteilung von dem außerordentlichen Geschehen verdanken. Franz suchte die bisweilen blutenden Male an den Händen und an der Seite zu verbergen, gingen sie letztlich doch allein ihn selbst an. Die Brüder zeigen sich erschüttert und im Innersten angerührt. So auch genannter Celanese Thomas, der in seiner *Ersten Lebensbeschreibung* das Erleben der Stigmatisation seines väterlichen Mitbruders gleichsam von Herz zu Herz zu fassen suchte:

Als der selige Knecht des Höchsten dies sah, ergriff ihn tiefes Staunen, er konnte sich aber nicht erklären, was diese Erscheinung bedeuten solle. Es durchdrang ihn sehr wohl Freude, und mit noch tieferem Glück erfüllte ihn der gütige, liebreiche Blick, den der unbeschreiblich schöne Seraf auf ihn richtete, aber dass er ihn ans Kreuz geheftet sah, erfüllte ihn mit Entsetzen. Als er sich schließlich erhob, war er traurig und glücklich zugleich. Freude und Schmerz wechselten einander ab. Verwirrt dachte er darüber nach, was diese Erscheinung wohl bedeuten könne, und es erfüllte ihn mit Angst, dass er den Sinn gar nicht begreifen konnte …

(1 C 94)

Von Bruder Leo heißt es, er sei über dem allen in eine seelische Krise geraten, weil er dem Geschehen nicht gewachsen gewesen sei. Die Brüder versuchen sich eine an biblischen Überlieferungen orientierte Vorstellung von dem zu bilden, was ihrem Francesco widerfahren ist. Berichtet wird von dem inneren Eindruck, wonach ein Seraf mit sechs feurig leuchtenden Flügeln auf Franz herabgestiegen sei.

In ihm habe er die Gestalt des Gekreuzigten erkannt. Die Stigmatisation als solche muss in ihrem Christusbezug verstanden werden.

Bemerkenswert ist, wie die Schilderungen zwei spirituelle Momente in eins zusammenbringen: Das Kreuzesgeschehen mit dem alttestamentlichen Engelwesen, den am Kreuz Erhöhten mit dem Seraf.

In diese Richtung bewegt sich auch die theologische Deutung, die wir Romano Guardini (1885–1968) verdanken:

Das besondere Charisma [des heiligen Franz] besteht darin, an Jesus zu erinnern. Die Behauptung klingt sonderbar. Sagten wir nicht, die Heiligen seien die Verdeutlichung Christi? Wohl, das sind sie. Sie drücken Christus aus. Sie übersetzen den, welcher der Herr und Inbegriff ist, in eine besondere menschliche Möglichkeit der Struktur, der sozialen Schichtung, der Zeit, der Not, der Aufgabe. Das tun alle; Franziskus tut mehr: Er übersetzt nicht, sondern vergegenwärtigt. Wer an ihn gerät, muss an Christus denken […] Seine Gestalt ist so gebaut, sein Wort, seine Gebärde, sein ganzes Leben sind so geartet, dass sie unmittelbare Verwirklichungen des Evangeliums sind; buchstäbliche Nachfolge; schlichter Nachvollzug der Existenz Jesu, ohne alle Abschwächung und Umdeutung – sodass Christi Antlitz selbst aus dem seinen herblickt. Christi Gebärde in der seinen deutlich wird …[15]

Dabei muss man nicht so weit gehen wie Guardini oder auch andere, indem man in dem Poverello so etwas wie

15 Romano Guardini, in: Anton Rotzetter: Franz von Assisi. Ein Anfang und was davon bleibt. Zürich 1981, S. 47 f.

eine „zweite Messiasexistenz“ erblicken möchte. Sind es bei mancher beeindruckenden Ähnlichkeit doch zwei unterschiedliche, jeweils für sich zu sehende historische Gestalten!

Es lag nahe, dass die von dem Geschehen innerlich ergriffenen Künstler, unter ihnen Giotto di Bondone (gest. 1337), dem Bericht in mancherlei Variationen sichtbaren Ausdruck verliehen haben, um der geistlichen Übung anderer eine zu meditierende Vorstellung als eine Art Stütze zu vermitteln.[16] Das Geschehen auf den Höhen des Monte Alverna hat sich bis heute als eine spirituelle Tatsache dem Bewusstsein ungezählter Menschen eingeprägt. Das begann frühzeitig. Zum 33. Todestag stieg der Franziskaner Bonaventura empor, um dort meditative Einkehr zu halten. Im Prolog zu seinem *Pilgerbuch der Seele zu Gott* (*Itinerarium mentis in Deum*), das in dieser Bergeinsamkeit entstanden ist, kommt der Gefolgsmann des Poverello darauf zu sprechen:

Da begab ich mich auf göttliche Eingebung hin zum Berg Alverna, diesem Ort der Ruhe, um voller Sehnsucht den Frieden der Seele zu suchen. Als ich dort verweilte und über geistige Aufstiege zu Gott [mentales ascensiones in Deum] nachdachte, kam mir unter anderem jenes Wunder in den Sinn, das an diesem Orte dem seligen Franziskus widerfuhr, nämlich die Erscheinung des Serafs mit den Flügeln in der Gestalt des Gekreuzigten [...] Unter jenen sechs Flügeln kann man nämlich recht gut sechs Erleuchtungsgrade verstehen, durch welche die Seele gleichsam wie auf Stufen oder Wegen in die Lage versetzt wird, durch die ekstatischen Entrückungen christlicher Weisheit zum Frieden zu

16 Beispiele bei Ernst Benz a.a.O. S. 403 ff.

gelangen. Dahin aber gelangt man nur durch die glühendste Liebe zum Gekreuzigten …[17]

Ungefähr vier Jahrzehnte alt ist Franz zum fraglichen Zeitpunkt. Da wird er einmal mehr als ein von allerlei Krankheiten beladener Mensch geschildert, dessen nahes Ende zu befürchten ist. So weiß man, dass Franz seit Jugendtagen an Malaria leidet. Durch sein intensives Fasten verursachte er bei sich lästige Darminfektionen und Magengeschwüre. Die nachträgliche Diagnose lässt ferner auf Erkrankungen von Milz und Leber schließen, Blutarmut und Wassersucht werden ebenfalls genannt. Daraus resultiert seine große Schwäche, sodass er schließlich nicht mehr gehfähig ist. Ein schweres Augenleiden hat ihm die Sehkraft schwer geschädigt, bis hin zur Erblindung. Man fragt sich, ob dieser zum letzten körperlichen Einsatz Entschlossene sich seit den Tagen seiner Lebenswende je geschont hat und auf seinen „Bruder Leib" die ihm angemessene Rücksicht genommen habe. So fällt der Kommentar des durch Darstellungen vielfach ausgewiesenen Franziskus-Kenners Anton Rotzetter ernüchternd aus: „Nicht einmal seine Wundmale sind ihm Halt und Trost. Im Gegenteil: Er fühlt sich den Kräften der Hölle ausgeliefert und endgültig, auch vor Gott, gescheitert."[18]

Im Frühjahr 1226 findet der überaus Geschwächte beim Bischof seiner Heimatstadt Assisi für kurze Zeit gastliche Aufnahme und Pflege. Doch als die Brüder an Pfingsten dieses seines letzten Lebensjahres ihre allgemeine Zusammenkunft, den Generalkonvent abhalten

---

17 Bonventura: Itinerarium mentis in Deum. Pilgerbuch der Seele zu Gott. München 1961, S. 47 (nach dem lateinischen Original etwas abgeändert).

18 Anton Rotzetter a.a.O. S. 48.

wollen, ist ihr „Führer und Vater“ nicht mehr in der Lage, daran teilzunehmen. Er greift ein letztes Mal zur Feder, das heißt: Er diktiert seinen letzten Willen, um mit seinem Testament seinen Brüdern all das ans Herz zu legen, was ihm für ihr geistliches Leben als unverzichtbar erscheint. Dazu gehört vorrangig die von ihm rückhaltlos praktizierte strenge Armut, verbunden mit der Verpflichtung zu totalem Gehorsam gegenüber der römischen Kirche, der er selbst zeitlebens gedient hat. Nicht zu verschweigen ist, wie schwer sich viele seiner Anhänger taten, das Armutsgebot in seiner kompromisslosen Härte auch tatsächlich zu leben. So konnte eine Reihe von Spaltungen innerhalb des späteren Franziskanerordens nicht ausbleiben. Es war der Zweig der *Spiritualen*, das heißt der dem geistlichen Leben in besonders strenger Weise Verpflichteten, dessen Mitglieder sich jede Form einer Milderung der testamentarisch verordneten Askese versagten.

Nachdem Franz den einzigartigen, der Schöpfung und den Menschen gewidmeten *Sonnengesang* abgeschlossen hat, verabschiedet sich der *Poverello* am 3. Oktober 1226 und geht im Frieden heim – ein Mann, der kaum die Lebensmitte überschritten hat, erst vierundvierzig Jahre alt. Eine Hütte bei der heimatlichen Portiunkula-Kapelle hatte ihm als seine letzte irdische Bleibe gedient, bevor der Leichnam in der Unterkirche der Basilika von Assisi seine Ruhe finden sollte.

Es war Thomas von Celano, der uns in seiner *Zweiten Lebensbeschreibung* des Franziskus eine Erinnerung an dessen letzte Stunden überliefert hat. Auf ein Wort aus dem Buch Jesus Sirach (11,29) verweisend, demzufolge der Tod das Innere des Menschen offenkundig werden lasse, schreibt der Franziskus-Bruder:

In herrlicher Weise hat sich der Spruch an diesem Heiligen bewahrheitet. Denn als er von schwerer Krankheit schon völlig zermürbt war, die ihn von aller Hinfälligkeit erlösen sollte, ließ er sich am Abend des 1. Oktober 1226 nackt auf den nackten Boden legen, um in jener letzten Stunde, in der der Widersacher noch erzürnen konnte, nackt mit dem Nackten zu ringen. In Wahrheit aber erwartete er ohne Zagen den Sieg, mit verschlungenen Händen umfasste er die Krone der Gerechtigkeit.

Während er so dalag, blickte er, wie gewohnt, zum Himmel empor, ganz versunken in dessen Herrlichkeit. Mit der Linken bedeckte er die Seitenwunde, auf dass niemand sie sehe, und er sagte zu den Brüdern: „Ich habe das Meinige getan. Was ihr zu tun habt, möge Christus euch lehren."

Den Brüdern kamen bei diesem Anblick die Tränen, und sie seufzten tief vor Schmerz und Mitleid. Der Guardian aber, der durch göttliche Eingebung einen Wunsch des Heiligen intuitiv erkannte, unterdrückte vorübergehend seine Tränen, stand eilig auf, holte Habit, Hosen und Kapuze aus grobem Sackleinen und sagte zum Vater:

„Hier sind Kutte, Hose und Kapuze; aber ich leihe sie dir nur im heiligen Gehorsam, damit du es weißt! Und damit du auch wirklich begreifst, dass dir diese Sachen ganz und gar nicht gehören, verbiete ich dir auch, sie jemand anderem zu schenken."

Da jubelte der Heilige und jauchzte aus frohem Herzen. Denn nun sah er, dass er der edlen Frau Armut die Treue bis zum Ende gehalten hatte.

(2 C 214 f)

Bereits zwei Jahre nach der Grablegung wurde Franziskus durch den ihm besonders gewogenen Papst Gregor IX. heiliggesprochen. Doch der mit der Frau Armut (*Donna povertà*) wie mit einer auserwählten Königin Vermählte bedurfte letztlich keiner zusätzlichen kirchenoffiziellen Herausstellung seiner Person oder seine Erhebung zu den Altären, wie es bei der Heiligsprechung geschieht. Ihn zeichnete bereits die Entschlossenheit und Ernsthaftigkeit deutlich und überzeugend genug aus. In dieser Haltung suchte er dem Ruf seines Herrn gehorsam zu folgen.

Dagegen war er sich seines tatsächlichen Wertes als Geschöpf Gottes stets voll bewusst, etwa gemäß dem Psalmwort: *Du hast ihn – den Menschen – wenig niedriger gemacht denn Gott; mit Ehre und Herrlichkeit hast du ihn gekrönt.* (Ps 8,6). Aus diesem Grund schärfte er seinen Freunden ein, sie sollten die jedem Menschen zugemessene Würde der Gottesebenbildlichkeit als eines einzigartigen Geschenks bedenken:

Beachte, Mensch, in welch hohe Stellung der Herr dich setzte, der dich schuf und bildete nach dem Bilde seines geliebten Sohnes am Leibe und nach seinem Gleichnis im Geiste. Und alle Geschöpfe, die unter dem Himmel sind, leisten Dienst und Anerkennung und Gehorsam ihrem Schöpfer, besser als du.[19]

Und wenn in den Schilderungen der Brüder auf die von Krankheit und Leiden entstellte Gestalt des Poverello hingewiesen wird, so ist – in erheblichem Kontrast dazu – auch an die ebenfalls bezeugte Daseinsfreude zu erinnern, die Franz von Assisi gleichwohl beseelt haben soll. Gemeint ist eine sein Naturell bestimmende heitere Grundstimmung. Mit ihr ausgestattet, fand er die Kraft, die Bürde

19 Nach: Karrer, Otto (Hrsg.): Die große Flut. Textgeschichte der Mystik, München 1926, S. 24.

seiner körperlichen und gewiss auch seelischen Leiden auf sich zu nehmen, auch wenn es verfehlt wäre, den Heiliggesprochenen zu idealisieren. Immerhin gibt es von ihm Zeugnisse einer heiteren Gelassenheit. Wie ein weltlicher Troubadour, wie ein enthusiastischer Lobsänger hat er dem mit einer Seligpreisung und der ihm eigenen Note beinah beschwingten Ausdruck verliehen:

Selig der Fromme, der nicht Fröhlichkeit hat noch Freude als nur in heiligen Worten und Werken des Herrn und der mit solchem die Menschen hinführt zur Liebe Gottes in Frohsinn und Freude![20]

20 A.a.O. S. 25.

Aus seinen Schriften

Franziskus wird zwar als intelligent und besonnen geschildert. Seine Lebensentscheidung traf er zweifellos in voller Bewusstheit, selbst wenn er von manchen Zeitgenossen als ein „Narr in Christo“ verspottet werden konnte. Aber er verfügte über keine besondere schulische Bildung, durch die er sich von Seinesgleichen besonders abgehoben hätte. Er hatte Französisch, die Sprache der südfranzösischen Troubadours, und auch Latein gelernt. Einem gesteigerten Wissen und der Klugheit misstraute er jedoch, insbesondere, wenn einzelne Mitbrüder an Studien interessiert waren. Er fürchtete offensichtlich, dass darüber die ihm und ihnen aufgetragene Mission vernachlässigt werden könnte. Als er beispielsweise im Jahr 1220 aus Ägypten zurückgekehrt war und feststellen musste, dass einer von ihnen, Peter Stacia, in Bologna ein minoritisches Studienhaus, wohl ebenfalls in bescheidenster Form, eröffnet hatte, verbot er dies und erzwang den Auszug der Brüder, sogar der erkrankten. Und nicht genug damit: Peter Stacia, der sich seiner Weisung widersetzte, verfluchte er. Es wird sogar gesagt, dass Franz diesen Fluch auch nicht zurückgenommen hätte, als der von ihm derartig Gemaßregelte auf dem Sterbebett lag!

Eigentümlich war ihm jedoch ein großer Respekt vor allem Geschriebenen, vor den Buchstaben als solchen, weil er sich sagte: Solche Buchstaben sind es, mit denen – ganz gleich in welcher Sprache oder in welcher Religion – die Namen Gottes und die Worte der Heiligen Schriften geschrieben sind. Insofern hafte bereits ihrer Zeichenhaftigkeit etwas Außerordentliches an, das mit aller Sorgfalt geschützt und gehegt werden müsse. Dabei ist die Zeitlage zu bedenken: „In seiner Zeit, wo man zum Beschreiben außer Tafeln nur das sehr kostbare Pergament hatte, wurde ohnedies nicht viel Müßiges aufgeschrieben. Franz aber meinte, alles Geschriebene müsse geheiligt sein, und prägte die hiermit gegebene Verantwortung auf seine Weise den Zeitgenossen ein. Er mochte nicht einen Buchstaben ohne Scheu anrühren, er ließ nichts Geschriebenes wegwerfen. Er ließ selbst Schriften der Heiden nie an Orten liegen, wo sie verkamen – warum? Auch aus ihren Buchstaben könne man Gottesnamen zusammensetzen, und: Das Gute in ihnen gehöre nicht den Heiden, sondern Gott ...“[21]

So war er wohl des Lesens und auch des Schreibens mächtig. Aber als ein spiritueller Autor ist Franz nicht anzusehen. Es beschränken sich die durch ihn entstandenen schriftlichen Dokumente durchwegs auf wenige, kaum mehr als dreißig Texte, von meist geringem Umfang, das heißt auf Briefe, Ermahnungen und auf die Auslegung von Evangelienworten, die für ihn testamentarischen, somit in hohem Maße verbindlichen Charakter annahmen, so auch zwecks Formulierung der ersten Ordensregel. Er hat ihm wichtige Wortlaute wohl in der Hauptsache und insbesondere während seiner Leidenszeit diktiert.

Die Franziskus-Forschung hat gezeigt, wie die ihm zugesprochenen Aufzeichnungen zu beurteilen seien. Er bediente sich der alltäglichen, in Umbrien üblichen

21 Wolfram von den Steinen, in: Werke. Hamburg 1958, S. 169 f.

Umgangssprache, wenn sachliche Festlegungen, Ermahnungen und dergleichen zu treffen waren. Und da darf man von ihm nicht etwa einen literarisch geschliffenen Stil erwarten. Alles andere als dies! Eher äußert sich in den uns von ihm erhaltenen Aufzeichnungen ein in der Rede wie im Schreiben Unbeholfener. Seinem betont schlichten Auftreten angemessen ist somit auch seine Diktion, und zwar bis in die gelegentliche Fehlerhaftigkeit des Ausdrucks hinein. Darüber hinaus unterstützten ihn sachkundige Helfer aus seiner ersten Brüdergemeinschaft, sodass bisweilen von einer – wohl relativ begrenzten – Mitautorschaft der Brüder die Rede ist. Letztlich wird Franz dennoch stets den bestimmenden Akzent gesetzt haben, wenn wir bedenken, mit welcher Durchsetzungskraft er in seinem Testament – wie angedeutet – seinen Willen zum Ausdruck brachte, ferner wie kompromisslos er zum Beispiel die Erfüllung des ihm unverzichtbaren Gebotes der apostolischen Armut von seinen Brüdern verlangte. Das unterstreicht einmal mehr die Willenskraft und das Durchsetzungsvermögen seines zu großer Entschiedenheit neigenden Charakters.

Von einer zweiten Sprachebene pflegt man bei Franz zu sprechen, wenn der begeisterte Lobsänger sich aufschwingt zur Ekstase und zur hymnischen Preisung, wie wir sie aus seinem *Sonnengesang* vernehmen. Von daher ergibt sich der spirituelle Rang dessen, was er zu sagen und gegebenenfalls in schlichter Form zu schreiben hatte: „Die Bedeutung der Schriften des Franz von Assisi kann nicht hoch genug veranschlagt werden [...] In den letzten Jahren sind diese Schriften zur eigentlichen Quelle der Franziskus-Biografie geworden. Vorher hatte man sich vorwiegend auf die erzählerischen Quellen gestützt. Heute müssen sich diese an den Schriften des heiligen Franz messen lassen.

Diese Schriften sind aber nicht nur das unersetzliche Instrument für die eigentliche Franziskus-Forschung, sondern auch das Kriterium für die unübersehbare Flut von Franziskus-Büchern in unseren Tagen …"[22] Insofern ist der legendarischen Dichtung zu seinem Leben eine natürliche Grenze gesetzt.

Andere auf ihn zurückgeführte Aussagen gab man zunächst mündlich weiter, ehe sie später aufgezeichnet wurden. Das entsprach der zeitüblichen Praxis. Zu rechnen ist damit, dass eine Reihe überlieferter Texte auch Elemente der nachfolgenden Deutung enthalten. Nicht alle vom Hauch des Wunderbaren und gegebenenfalls des Geheimnisvollen behafteten Schilderungen, insbesondere in den legendären *Fioretti* (*Blümlein*), sind ganz frei von Überzeichnungen durch enthusiasmierte Protokollanten. Da sind es Hochschätzung und Verehrung des Heiliggesprochenen, die sich nicht immer zügeln lassen. Selbst Außergewöhnliches wurde bei ihm beinahe als normal empfunden.

Mystische Schriften hat Franz von Assisi selbst nicht verfasst, so stark sein Charisma, so stark seine geistliche Ausstrahlung über seinen Tod hinaus gewesen sein müssen. Von einem gelehrten Theologen, von dem es heißt, dass er sich einmal mit Francesco ausgesprochen habe, wird berichtet, ihm sei die intuitive Zugangsweise zum Gotteswort, über die der schlichte Mann verfügt habe, aufgefallen, wo andere sich mit dem theologischen Argument behalfen. Und darin unterschied er sich von den mit den Werken des Philosophen Aristoteles sowie mit Sentenzen der jüdischen und der muslimischen Denker vertrauten Zeitgenossen.

22 E. Hug und A. Rotzetter, in: Franz von Assisi. Gotteserfahrung und Weg in die Welt. Olten-Freiburg 1984, S. 13 f.

Der angeführte Gelehrte sei zu dem Schluss gekommen: „Die Theologie dieses Mannes ist wie ein fliegender Adler; unsere Wissenschaft aber kriecht auf dem Bauch über die Erde."

Wichtiger als die ausformulierten Texte an sich war ihm die im Gebet und in der Meditation geübte Geisteshaltung eines gesammelten Inneseins und der strikt durchgehaltenen Konzentration auf *das Eine, das not tut*. Wer den Weg der Nachfolge betritt, dessen gesamtes Tun und Lassen hat sich einzig nach dem Vorbild Christi auszurichten. Und – dem Wort Jesu zufolge – „wer die Hand an den Pflug legt, aber [weiterhin auf das alte Leben] zurückblickt, der ist nicht geschickt zum Reiche Gottes"! Fragte man den Franziskus, worauf diese seine Einstellung und deren Berechtigung gründe, so konnte er auf die geistliche Verwandtschaft mit Jesus Christus hinweisen, etwa in Erinnerung an das Jesus-Wort im Markusevangelium (3, 35), wonach alle diejenigen *Mutter, Brüder und Schwestern* sind, die den Willen Gottes tun. Auf eine solche Verwandtschaft, die für ihn offensichtlich nicht etwa als eine vordergründige Metapher gemeint war, spielte Franz gelegentlich an. Für ihn hatte diese Ausdrucksform spirituellen Gehalt, wenn er sich an die Seinen wandte, um an ihre enge Verbundenheit mit Christus zu erinnern:

Verlobte, Brüder und Mütter
unseres Herrn Jesus Christus:
seine Verlobten sind wir,
wenn durch den Heiligen Geist
die gläubige Seele
mit Jesus Christus unserem Herrn
verbunden wird.

Seine Brüder sind wir,
wenn wir tun
den Willen seines Vaters,
der im Himmel ist.

Seine Mütter sind wir,
wenn wir ihn tragen
in unserem Herzen und unserem Leib,
in Liebe,
mit reinem und ehrlichem Gewissen;
wenn wir ihn gebären
in heiligem Tun,
das anderen als leuchtendes Beispiel dienen soll.
(1 Gl 1,7–10)

Darin, das heißt im gelebten Leben, und nicht etwa im bloßen Reden oder Schreiben, bestand sein eigentliches Werk. Worte der Bergpredigt aus dem Matthäusevangelium (Kapitel 5–7) dienten ihm als Anregung, seine eigene Besinnung daran zu knüpfen, ging es ihm doch darum, das jeweilige Jesus-Wort der eigenen Lebenspraxis dienstbar zu machen. Letztlich gilt gerade für ihn: Was nicht zur Tat wird, das hat keinen Wert. Selbst strenge Bußübungen können diese Intensität der Hingabe nicht ersetzen. Ohne über eine spezielle theologische Bildung zu verfügen, durfte er sich doch sicher sein, wie Jesus die Seligpreisungen gemeint haben wird, nämlich das Armsein im Geiste, die Friedfertigkeit in allem Wollen und schließlich die Herzensreinheit. Offensichtlich war Franziskus nüchtern genug zu wissen, dass auch die spirituelle Praxis nicht immer den alltäglichen Herausforderungen oder Prüfungen gewachsen ist. Auch das, was gerade zu tun ist, stellt eine Anrede seines Herrn dar, der er mit großer Selbstverständlichkeit zu folgen hatte:

„Selig die Armen im Geiste, denn ihrer ist das Himmelreich!“ – Viele verrichten die Gebete und den Chordienst und fasten viel und kasteien ihren Leib, aber an einem einzigen Wort, das sie als persönliche Beleidigung auffassen, oder an einem Eingriff in ihr Eigenes nehmen sie sofort Anstoß und lassen sie sich irritieren. Die sind nicht arm im Geiste. Denn wer wirklich arm im Geist ist, der hasst sich selbst und liebt diejenigen, die ihn auf die Wange schlagen.

„Selig die Friedfertigen, denn sie werden Kinder Gottes heißen!“ – Jene sind friedfertig, die in allem, was sie in dieser Welt erleiden, aus Liebe zu unserem Herrn Jesus Christus den Frieden bewahren an Leib und Seele.

„Selig sind, die reinen Herzens sind, denn sie werden Gott schauen!“ – Reinen Herzens sind die, die das Irdische verachten und nach dem Himmlischen streben, und ohne Unterlass rein an Herz und Geist den Herrn immerdar anbeten und betrachten, den lebendigen, wahren Gott.
(Erm 14–16)

Demütige Hilfsbereitschaft und Menschenliebe suchte Franz im Kreis seiner Gefährten mit der Gottesfreundschaft, mit der Gottesliebe zu verbinden. Diese Gesinnung spricht aus seinen Worten, die den Seligpreisungen nachgebildet erscheinen und als deren Erläuterungen verstanden werden können, wenn er sagt:

Glücklich der Mensch,
der seinen Nächsten trägt,
in seiner Hinfälligkeit,
so wie er selbst

von jenem getragen werden will
in seiner eigenen Gebrechlichkeit.
[...]

Glücklich der Knecht,
der sich nicht besser vorkommt,
wenn er von den Menschen gelobt und emporgehoben wird,
als wenn er für gemein,
einfältig und verächtlich
gehalten wird.
Wie viel der Mensch vor Gott gilt
So viel ist er wert, und nicht mehr. [...]

Glücklich der Knecht,
der nicht aufgrund eigenen Verlangens emporgehoben wird
und nichts anderes will, als unter den anderen zu stehen. [...]

Glücklich der Knecht,
der die Zurechtweisung, die Anklage und den Tadel
gern und bereitwillig mit ebenso großer Geduld erträgt,
als kämen sie von ihm selbst. [...]

Glücklich der Knecht,
der nicht sofort mit einer Entschuldigung kommt
und für etwas, was er nicht verschuldet hat,
in Demut Schande und Tadel hinnimmt.

Glücklich der Knecht,
der so demütig lebt

bei denen, die ihm untergeben sind
als wären sie seine Herren.
(Erm 18,1; 19, 1; 21,4; 22,1; 22,3; 23, 1)

Im Einklang mit den Weisungen Jesu, wonach die Menschenliebe nicht bei den Freunden und Verwandten enden dürfe, sondern in hohem Maße auch die von Jesus gebotene Feindesliebe umfassen müsse, empfiehlt Franz:

Wir Brüder alle
wollen aufmerksam darauf achten,
was der Herr sagt:
Liebt eure Feinde,
tut Gutes denen, die euch hassen!
Denn unser Herr Jesus Christus,
dem wir nachfolgen sollen,
hat seinen Verräter „Freund" genannt.
Er hat sich freiwillig jenen ausgeliefert,
die ihn kreuzigten.

Darum sind jene unsere Freunde,
durch deren Ungerechtigkeit
wir Verwirrung und Angst erdulden,
Schande und Unrecht erleiden,
Schmerz und Folter,
Pein und Tod.
Diese müssen wir sehr lieben,
denn durch das, was sie uns antun,
gelangen wir ins ewige Leben.

(NbR, 22,1)

Dass dem Herrengebet ein unbestreitbarer Vorrang einzuräumen sei, verdeutlicht Franz, indem er das *Vaterunser* umschreibend erläutert und damit zugleich ein Beispiel gibt, wie seine Betrachtungen beschaffen waren:

„Vater unser“ – Du Allerheiligster, unser Schöpfer, Erlöser, Heiland und Tröster.

„Der du bist in dem Himmel“ – in den Engeln und Heiligen, ihnen Erleuchtung schenkend, damit sie erkennen (denn du Herr bist Licht), die Flamme der Liebe in ihnen entzündend (denn du, Herr, bist Liebe), in ihnen wohnend und sie erfüllend zur Seligkeit (denn du, Herr, bist höchstes Gut, der ewig Gute, von dem alles Gute kommt und ohne den nichts Gutes Bestand hat).

„Geheiligt werde dein Name“ – klar erstrahle in uns deine Erkenntnis, damit wir die Unermesslichkeit deiner Gaben, die Dauer deiner Verheißungen, die Erhabenheit deiner Größe, die Tiefe deiner Gerichte verstehen.

„Zu uns komme dein Reich“ – damit du regierst in uns durch Gnade und uns kommen lässt zu deinem Reich, wo wir dich klar schauen werden und deine vollendete Liebe finden in seliger Gemeinschaft und immerwährender Freude.

„Dein Wille geschehe wie im Himmel so auf Erden“ – damit wir dich lieben aus ganzem Herzen, immer an dich denken; aus ganzer Seele, dich immer in unserer Sehnsucht tragend, aus ganzem Gemüt, auf dich immer all unser Streben richtend und allein nach deiner Ehre trachtend in allem; und aus all unseren Kräften, indem wir alle unsere Kräfte und Gefühlsregungen der Seele und des Leibes dem Gehorsam gegenüber deiner Liebe unterordnen und sie für nichts an-

deres aufbieten. Und damit wir unseren Nächsten lieben wie uns selbst, indem wir alle, so gut wir es vermögen, zu deiner Liebe hinziehen, uns freuen über das für die anderen und für uns selbst Gute, Mitleid mit ihnen haben, wenn ihnen Schlimmes widerfährt, und niemanden in irgendeiner Weise beleidigen.

„Unser täglich Brot gibt uns heute“ – deinem lieben Sohn, unseren Herrn Jesus Christus, zum Andenken, Verständnis und zur Verehrung seiner Liebe zu uns, und all seiner Worte, Taten und allem, was er für uns erlitten hat.

„Und vergib uns unsere Schulden“ – nach deiner unaussprechlichen Gnade, durch die Kraft des bitteren Leidens deines geliebten Sohnes, unseren Herrn Jesus Christus, und durch die Verdienste und die Fürsprache der seligsten Jungfrau Maria und aller deiner Auserwählten.

„Wie auch wir vergeben unseren Schuldigern“ – Und was wir nicht ganz vergeben, das, Herr, hilf du uns ganz vergeben, damit wir die Feinde in Barmherzigkeit lieben um deinetwillen und für sie eintreten bei dir aus ehrlichem Herzen, und keinem Böses mit Bösem vergelten, und allen Gutes zu tun einen aufrichtigen Willen haben in dir.

„Und führe uns nicht in Versuchung“ – nicht in heimliche und nicht in offene, nicht in plötzliche und nicht in schwer auf uns lastende Versuchung.

„Sondern erlöse uns von dem Bösen“ – von vergangenem, gegenwärtigem und künftigem Bösen. Amen.

(Vat)

Wenn seine Brüder, die späteren Franziskaner (wie auch die Dominikaner), im Sinne einer konsequenten Christusnachfolge (*vita apostolica*) auf Armut und Bedürfnislosigkeit verpflichtet sind und als *Bettelmönche* (Mendikanten)[23] bezeichnet werden, so ist hierbei zu bedenken, dass sich Franziskus und seine Minderbrüder nicht etwa nur der Bettelei gewidmet haben oder sich ausschließlich der geistlichen Übung hingaben, sondern dass sie sich zur Übernahme von allerlei geringen Diensten und Arbeitsleistungen verpflichteten. In den Regeln für die Brüderschaft kommt er darauf selbst zu sprechen.

Charakteristisch für die Art des Einsatzes ist der ausdrückliche Verzicht auf eine bevorzugte Stellung oder auf einen mit Ansehen verbundenen Rang, wo immer die Einzelnen tätig werden konnten. Zwar gibt es unterschiedliche Funktionen und Träger spezieller Charismen oder Gnadengaben. Es soll aber in seiner Gemeinschaft der Gleichgestellten selbst möglichst keine Vorgesetzten geben, etwa gemäß dem Evangelienwort (Mt 23,8): „Einer ist euer Meister, Christus, ihr aber seid alle Brüder!" Damit ist das in der Kirche aufgekommene hierarchische Prinzip um der Demut willen sinnlos geworden und aufgehoben, etwa analog dem anderen Jesus-Wort (Mt 20,26 f): „Wer groß sein will unter euch, der sei euer Diener; und wer der Erste unter euch sein will, sei euer Knecht."

Alle Brüder, die irgendwo bei anderen zu Dienst sind und arbeiten, sollen weder Kämmerer oder Kellermeister sein, noch in den Häusern vorstehen, wo sie dienen, noch ein Amt übernehmen, das Anstoß erregen oder ihrer Seele scha-

23 Mendikanten, von lat. *mendicare,* betteln.

den könnte. Vielmehr sollten sie stets geringer sein und allen ergeben, die im gleichen Hause sind.

Und die Brüder, die sich auf eine Tätigkeit verstehen, sollen arbeiten und das Handwerk ausüben, das sie können, sofern es nicht gegen das Heil ihrer Seele ist und sie es in Ehren verrichten können. Denn der Prophet spricht: „Solange du von deiner Hände Arbeit lebst, bist du selig, und es wird dir gut gehen." Und der Apostel sagt: „Wer nicht arbeiten will, soll auch nicht essen", und: „Ein jeder verbleibe in dem Handwerk und Amt, zu dem er berufen ist." Und für ihre Arbeit mögen sie alle Notdurft[24] *annehmen – außer Geld! Und wenn es nötig wird, mögen sie um Almosen betteln gehen wie andere Arme auch. Und es soll ihnen erlaubt sein, die Geräte und Werkzeuge zu haben, die sie für die Ausübung ihres Handwerks brauchen.*

Alle Brüder mögen sich um gute Werke bemühen, denn es steht geschrieben: „Befleißige dich stets der guten Werke, damit der Teufel dich beschäftigt antreffe"; und abermals: „Müßiggang ist der Seele Feind." Deshalb müssen sich Knechte Gottes immerdar dem Gebet oder einer guten Arbeit widmen.[25]

Hüten mögen sich die Brüder, wo immer sie auch sind, in Einsiedeleien wie an anderen Orten, davor, eine Stätte in Besitz zu nehmen oder für jemanden zu verteidigen. Und wer immer auch zu ihnen komme, Freund oder Feind, Dieb oder Räuber, er werde freundlich aufgenommen. Und wo auch immer Brüder sind und an welcher Stätte sie sich treffen mögen: geistlich und mit Eifer, ohne Murren sollen sie einander achten und verehren. Und hüten sollen sich

---

24 Notdurft im Sinne einer angemessenen materiellen, aber nicht monetären Gegenleistung.

25 Damit ist das benediktinische „Ora et labora, bete und arbeite!" zur Geltung gebracht.

die Brüder davor, dass sie sich nach außen traurig zeigen, nicht als düster einhergehende Heuchler, vielmehr freudig im Herrn, in Heiterkeit, höflich und liebenswürdig [...]

In keiner Weise sollen die Brüder Geld oder Geldgeschenke annehmen oder annehmen lassen, nicht danach streben, noch danach streben lassen, weder für Kleidung, noch für Bücher noch als Entlohnung für eine Arbeit. Nein, unter gar keinem Vorwand, es sei denn, kranke Brüder befänden sich in einer offenkundigen Notlage. Denn Geld oder Münzen dürfen für uns keinen größeren Nutzen haben, und wir dürfen sie nicht höher schätzen als Steine. Jene, die nach Geld streben oder es auch nur höher bewerten als Steine, will der Teufel verführen. Wir, die wir alles verlassen haben, sollen uns deshalb davor hüten, wegen so etwas Geringfügigem das Himmelreich zu verlieren. Und sollten wir irgendwo Geld finden, dann wollen wir uns darum nicht mehr kümmern als um den Staub unter unseren Füßen, denn es ist die Eitelkeit der Eitelkeiten und alles ist eitel.

Und sollte es doch einmal vorkommen – es sei ferne! –, dass einer der Brüder Geld anfasst oder Münzen sammelt und besitzt – es sei denn, es geht dabei um die bereits erwähnte Notlage eines Kranken –, dann sollen die anderen Brüder ihn für einen falschen Bruder halten, für einen Dieb und Räuber, für den, der den Geldbeutel verwahrt[26]*, wenn er nicht aufrichtigen Herzens Buße tut.*

Und auf gar keine Weise dürfen Brüder Geld annehmen oder annehmen lassen, weder Geld noch Almosen noch Münzen für irgendwelche Häuser und Orte erbitten oder darum bitten lassen. Sie sollen auch niemanden begleiten, der für solche Orte Geld oder Münzen sammelt. Andere

26 Eine Anspielung auf den Apostel Judas, der Jesus verraten hat.

marixverlag

Absender

Name, Vorname

Straße, Nr.

Plz, Ort

Telefonnummer *

Faxnummer *

Email *

Unterschrift

* freiwillige Angabe

Für Ihre schnelle Anfrage:
info@marixverlag.de

Bitte
ausreichend
frankieren

Rückantwort

marixverlag GmbH
Römerweg 10
65187 Wiesbaden

Dienste aber, die unserer Lebensweise nicht widersprechen, können die Brüder den Orten mit dem Segen Gottes erweisen. Doch wenn Aussätzige ganz offensichtlich in Not sind, können die Brüder für sie um Almosen bitten. Sie sollen sich aber hüten vor dem Geld! Und die Brüder sollen sich ebenso davor hüten, um eines schnöden Gewinns willen durch die Lande zu ziehen.

Alle Brüder seien bestrebt, der Armut und Demut unseres Herrn Jesus Christus zu folgen und daran zu denken, dass nichts anderes in der ganzen Welt uns gehören soll außer, wie der Apostel sagt: „Haben wir Nahrung und etwas, womit wir uns bedecken, dann wollen wir zufrieden sein." Und sie sollen sich freuen, wenn sie unter niedrigen und verachteten Menschen leben, unter Armen und Schwachen und Kranken und Aussätzigen und Bettlern am Wegrand.

Und wenn nötig, mögen sie um Almosen bitten gehen. Sie sollen sich dabei nicht schämen, sondern vielmehr daran denken, dass unser Herr Jesus Christus, der Sohn des lebendigen Gottes, sein Antlitz so hart gemacht hat wie den härtesten Felsen und sich nicht geschämt hat. Und er ist arm gewesen und Gast und hat von Almosen gelebt, er selbst, die selige Jungfrau und seine Jünger.

Und wenn die Menschen sie mit Schmach bedecken, dann sollen sie Gott dafür danken; denn um solcher Schmach willen wird ihnen große Ehre vor dem Richterstuhl unseres Herrn Jesus Christus zuteil werden. Und wissen sollen sie, dass Scham nicht dem, der sie erträgt, sondern dem, der sie erregt, zur Last fällt. Und Almosen sind das Erbe und Recht, das den Armen zusteht […] Und ein jeder liebe und nähre seinen Bruder, wie die Mutter ihren Sohn liebt und nährt. Darin wird der Herr ihm Gnade erweisen.

(NbR 7,1–15; 8; 9,1–6)

Gruss an die Tugenden

Franziskus hat seinen Weg der Christusnachfolge nicht etwa mit dem vorweg bestehenden Selbstverständnis angetreten, ein Ordensstifter zu sein und für die sich anschließenden Brüder eine entsprechend systematisch ausgearbeitete Ethik zu entwerfen. Das konnte weder in seinem Sinne sein, noch hätte das seinen intellektuellen Möglichkeiten entsprochen. Ebenso wenig hat er sich als eine übergeordnete Führerpersönlichkeit verstanden, der genaue Leitlinien für irgendwelche Abhängige zu geben gehabt hätte. Aber in den uns überkommenen Texten sind allerlei richtungweisende Wortlaute eingestreut, so auch in der Aufzeichnung, die er bezeichnenderweise mit einer persönlich gehaltenen Anrufung an die von ihm gleichwohl hochgeschätzte Weisheit beginnt. So wie er in der gelebten Armut die *Dame Armut* (*donna povertà)* verehrt, so nehmen auch andere Tugenden bei ihm personhafte Züge an, die eine entsprechende Würdigung verlangen. Auch dies ist typisch für seine Wesensart. Jedenfalls gehörte Franz nicht zu denen, die Tugenden und auch ethische Qualitäten etwa unter dem Gesichtspunkt von einengenden Normen sahen. Das Nicht-Besitzen wurde als ein Befreitsein von den Dingen, die den Menschen in seinen Entscheidungen beeinträchtigen können, betrachtet. Sie, das heißt alle Tugenden, an ihrer Spitze Weisheit, Armut und Demut, erschienen ihm seines ehrerbietigen Grußes wert. Das charakterisiert seine Einschätzung all derer, die er wie folgt anruft und dem Herrn anempfiehlt, als handle es sich um ebenfalls ihm anvertraute Geschwister:

Gruß an die Tugenden

Sei gegrüßt, Königin Weisheit, der Herr sei dir gnädig mit deiner Schwester, der heilig reinen Einfalt.

Herrin, heilige Armut, der Herr sei dir gnädig mit deiner Schwester, der heiligen Demut.

Herrin, heilige Liebe, der Herr sei auch dir gnädig mit deiner Schwester, dem heiligen Gehorsam.

Heiligste Tugenden alle, euch sei gnädig der Herr, von dem ihr ausgeht und herkommt.

Keinen einzigen Menschen gibt es in aller Welt, der eine von euch haben könnte, wenn er nicht vorher stirbt. Alle hat, wer eine hat und die anderen nicht beleidigt, und keine hat und alle beleidigt, wer eine beleidigt.

Und jede von ihnen lässt Laster und Sünden zuschanden werden.

Heilige Weisheit lässt den Satan und all seine Bosheit zuschanden werden.

Reine heilige Einfalt lässt alle Weisheit dieser Welt und fleischliche [das heißt weltliche] Weisheit zuschanden werden.

Heilige Armut schlägt alle Begierde und Habsucht und Sorgen dieser Zeitlichkeit.

Heilige Demut lässt den Hochmut und alle Menschen dieser Welt und alles Wesen der Weltlichkeit zuschanden werden.

Heilige Liebe lässt alle teuflischen und sinnlichen Anfechtungen und alle sinnlichen Ängste zuschanden werden.

(GrTug 1–13)

Die kaum mehr verständliche Radikalität seiner Demutsgebärde geht so weit, dass er sich selbst allen Gestalten des

Animalischen preisgibt, selbst denen auf den untersten Seinsebenen.

Heiliger Gehorsam lässt jeden körperlichen und fleischlichen Willen zuschanden werden und hält abgetötet den Leib zum Gehorsam unter den Geist und zum Gehorsam unter den eigenen Bruder, und macht den Menschen untertan allen Menschen dieser Welt, und nicht nur allen Menschen, nein, auch allen Tieren und Kriechtieren, damit sie mit ihm tun können, was sie nur mögen, soweit es ihnen gewährt ist von dem Herrn im Himmel.

(GrTug 14–18)

Von der wahren Freude

Man kann nicht von sämtlichen in die bildhafte Sprache der Legende gekleideten Franziskus-Texten absehen, wenn man etwas von der Mentalität des Poverello erfahren will. Man sollte freilich darin keine dokumentarisch oder ganz wörtlich zu nehmenden biografischen Schilderungen seines Charakters oder seiner Lebensart sehen. In Rede stehen darin immer die Einschätzung und die rückhaltlose Bewunderung des Hochverehrten! So wird unter anderem berichtet, dass er an einem Wintertag nach seiner Einkehr in der Portiunkula einem seiner Begleiter eine *Betrachtung über die Freude* (WFreud) diktiert habe. Offenbar müssen wir stets mit der freudigen Gestimmtheit des Gefolgsmannes Jesu rechnen, gerade weil von so viel Krankheit und Bedürftigkeit in seinem Leben erzählt wird, die eher nichts als Verdrießlichkeit erwarten lassen. Immerhin leugnet niemand, dass Franziskus von gelegentlicher Niedergeschlagenheit heimgesucht wurde. Dem steht wiederum eine Haltung gegenüber, die für eine ungewöhnliche positive Grundhaltung Zeugnis ablegt. *Vollkommene Freude*, wie der Poverello sie verstanden haben mochte, verlangt wohl eine spezielle Wertschätzung. Dennoch wird auch in dieser Hinsicht Dichtung und Wahrheit nicht immer voll zur Deckung zu bringen sein. Zu der nachfolgenden Betrachtung bemerkt der Franziskus-Interpret Wolfram von den Steinen: „Sie ist abseits von seinen übrigen Schriften überliefert und zu poetisch, um ganz echt zu sein. Aber echt ist der Gedanke dieser herrlichen Rede, und auch ihre Sprache entspricht dem Heiligen wohl. Wenn der Blütenhauch des späteren Ducento [d.h. des 13. Jahrhunderts in der italienischen Kunstgeschichte] über sie hingegangen ist, so blieb doch in diesem Fall genug von der ursprünglichen Nüchternheit und Hoheit erhalten: Wir dürfen gern glauben, dass von Franziskus manch ein Wort dieses Tones ausgegangen ist, den er selber der Schrift nicht für würdig hielt.“[27]

Was den angedeuteten Vorbehalt anlangt, so ist er bereits durch die einleitenden Worte angezeigt, die weit vorausschauend von der Verbreitung und von der sich manifestierenden Heiligkeit der Minderbrüder auf der ganzen Welt sprechen. Daran zu denken, dürfte dem Francesco zu seinen Lebzeiten eher fern gelegen zu haben. Darüber nachzusinnen, konnte er getrost seinen nachgeborenen Verehrern und seinen Verehrerinnen anheim gestellt haben. Was den dennoch enthaltenen Wahrheitskern betrifft, so ergibt er sich insofern aus der von Franz getroffenen *Umwertung aller ethischen Werte*, wo er deutlich zu machen versucht: Es sind nicht die Wohltaten, die uns gerechterweise widerfahren, sondern umgekehrt die leidvollen, von

27 Wolfram von den Steinen, in: Werke a.a.O. S. 9.

Enttäuschung und selbst von Pein erfüllten Lebenslagen, denen ein heimliches Element und vielleicht sogar ein Grund zur Freude innewohnt. Franz treibt diese Einschätzung des Widrigen – wie kaum anders zu vermuten – seiner Wesensart gemäß auf die Spitze, denn für ihn handelt es sich beim Erleiden und bei der Bewältigung des Negativen (sofern es ihn selbst betrifft) geradezu um die Erfüllung der *vollkommenen Freude!*

Das Diktat von der wahren Freude (WFreud) an Bruder Leo in Portiunkula wird von den *Fioretti* ausschmückend folgendermaßen wiedergegeben:

O Bruder Leo, wenn die Minderbrüder auf der ganzen Erde ein gutes Beispiel großer Heiligkeit und Erbauung geben, so merke dir gut und schreibe es gewissenhaft auf: Darin liegt doch noch nicht die vollkommene Freude.[…]

Und wenn auch ein Minderbruder Blinde sehend und Krumme gerade machte, Dämonen austriebe, Tauben ihr Gehör, Lahmen ihr Gehvermögen, Stummen das Wort wiedergäbe, ja, noch mehr, wenn er einen vier Tage lang Toten auferweckte[28]*: So schreibe: Da ist noch nicht die vollkommene Freude.[…]*

Und wenn ein Minderbruder die Sprache aller Völker und alle Wissenschaften und Schriften verstünde, sodass er wahrsagen und offenbaren könnte, nicht nur das Zukünftige, sondern auch das verborgene Wissen der andern: So schreibe: Da ist nicht die vollkommene Freude.[…]

O Bruder Leo, Lämmlein Gottes, wenn ein Minderbruder mit Engelszungen[29] *redete und über Himmelskörper und Kräuter Bescheid wüsste und alle Schätze der Erde ihm*

28 Da ist wohl auf Tod und Auferweckung von Lazarus (Joh 11) angespielt.
29 1 Kor 13,1.

offenbar wären, und wenn er die Kräfte und Eigenschaften von Vogel und Fisch, Tier und Mensch, Wurzel und Stein, von Baum und Wasser kennte: Da ist nicht die vollkommene Freude.

Und würde sich ein Minderbruder darauf verstehen, so erbaulich zu predigen, dass er alle Ungläubigen zum Glauben bekehrte: Da ist nicht die vollkommene Freude. [...]

Aber wenn wir jetzt zur Stätte der heiligen Marie von den Engeln kommen, so vom Regen durchnässt und starr vor eisiger Kälte, auch schmutzig und ausgehungert, und dann an die Pforte klopfen und der Pförtner zornig kommen und sagen wird: „Wer seid ihr?" – und wir dann sagen: „Wir sind zwei von euren Brüdern" – und wenn er dann wieder sagt; „Nein, ihr seid zwei Landstreicher, ihr lauft überall in der Welt herum, um den Armen ihr Almosen zu stehlen" – und wenn er uns nicht öffnete und uns bei Schnee und Regen, in Frost und Hunger bis zum Tode stehen ließe: dann, ja dann, wenn wir so viele Widerwärtigkeit und Unbill ohne Unruhe und Murren geduldig ertrügen und demütig und voller Liebe dächten: Dieser Pförtner kennt uns durchaus, wie wir in Wahrheit sind, und Gott reizt seine Zunge wider uns – so schreib jetzt: Dort, eben dort ist die vollkommene Freude!

Und wenn wir dann immer weiter klopften und der Pförtner nun, als wären wir Zudringliche, gegen uns heraustäte, uns grausam mit Ohrfeigen bedächte und sagte: „Schert euch fort von hier, ihr elenden Lumpen, und geht zum Spital! Wer seid ihr auch, hier bekommt ihr gewiss nichts zu essen!" – und wenn wir das dann geduldig hinnehmen und die Beleidigung dann von ganzem Herzen in Liebe vergeben – schreib weiter, sag ich: Da ist die vollkommene Freude.

Und wenn wir völlig niedergeschlagen unter der Pein von Hunger und Kälte und schon beim Hereinbrechen der Nacht wieder klopfen, schreien und unter Tränen flehen, dass er uns öffne, und er dann empört sagte: „Das sind ganz unverschämte, dreiste Menschen, ich will sie zur Ruhe bringen" – und er käme mit einem groben Knüppel heraus, packte uns an der Kapuze, würfe uns in Dreck und Schnee zu Boden und prügelte uns derart mit seinem Knüppel, dass er uns ganz mit Beulen bedeckte: Wenn wir so viel Übles, wenn wir so viele Beleidigungen und Schläge mit Vergnügen ertragen und dabei daran denken, dass wir den Schmerz Christi, des Benedeiten, dulden und ertragen sollen – schreib und merke es wohl, denn da, ja da ist vollkommene Freude!

Und höre jetzt die Schlussfolgerung daraus: Unter allen Gnadengaben des Heiligen Geistes, die Christus seinen Knechten gewährt hat und gewähren wird, ist die vornehmste, sich selbst zu besiegen und gern um Gottes willen und Gott zuliebe Erbärmliches auszuhalten. Denn in all dem Wunderbaren, das zuvor aufgezählt wurde, können wir uns nicht rühmen, weil es nicht unser, sondern Gottes ist.

Was hast du auch, das du nicht empfangen hättest? Hast du es aber empfangen, was rühmst du dich, als hättest du es nicht empfangen? Aber im Kreuz der Trübsal und Widerwärtigkeit können wir uns rühmen, denn das ist unser. Und darum hat der Apostel gesagt: „Mir aber sei es fern, mich zu rühmen[30], außer im Kreuz unseres Herrn."

(Fior 8,2–18; vgl. WFreud)

30 Diese Worte lassen sich mit Blick auf Paulus im 2. Korintherbrief, Kap. 12, betrachten, wo der Apostel die Unangemessenheit des menschlichen Rühmens anprangert.

Preisgebet zu allen Horen

Dass das Gebet im Tagesablauf von Franziskus seinen festen Platz haben musste, wird mehrfach bezeugt. Dazu kommen die besonderen Zeiten geistlicher Einkehr und Sammlung, sei es an besonderen Orten der Stille, die die umbrischen Wälder und Höhlen boten, oder sei es der aus allen anderen Anbetungsstätten hervorgehobene Berg *Alverna*. Bekannt sind ferner die Stundengebete in den Klöstern. Noch ehe auch die Franziskaner zu eigenen Ordenshäusern und Kirchen kamen, waren auch ihre Tageszeiten von Gebeten durchsetzt. „Lobgebete sprach Franziskus zu allen Stunden des Tages und der Nacht", wissen die Brüder zu berichten. „Auch vor dem Amt unserer lieben Frau, indem er begann: *Heiligster Vater unser, der du bist in dem Himmel …* Darauf das Gloria: *Ehre sei Gott in der Höhe!* – Dann spreche man die Lobgebete …"

Einer der aufgezeichneten Wortlaute lässt durchblicken, dass es sich um die im Wechsel gesprochenen Gebete handelt, wie sie in ähnlicher Form im Franziskus-Kreis gepflegt worden sein werden. Auf die Anrede Gottes durch Franz antwortet die liturgische Gegenstimme (Responsorium) der Brüder. Und wieder geht es um beides, um die Anrufung Gottes, wie sie schon im alttestamentlichen dreimaligen *Heilig – heilig – heilig* im Buch des Propheten Jesaja, Kapitel 6, wiedergegeben wird. Bei Franz handelt es sich naturgemäß um den Einbezug der ganzen Schöpfung. Himmel und Erde werden auf diese Weise betend miteinander verbunden. Bitten und auch Fürbitten für andere Menschen sind an dieser Stelle einmal bewusst beiseite gelassen, weil es dem

Wesen der Anbetung entspricht, allein der Heiligkeit des Allerhöchsten Raum zu geben. Ist es doch er in seiner Eigenschaft als der Weltenschöpfer, der das All umfasst und alles Sein durchpulst. Zum Wesen solcher Lobpreisung gehört ferner die ausdrückliche Wiederholung von Rühmungen, gewissermaßen als Ausdruck der Intensität, mit der der Beter seinem Gott hingegeben ist, alle Zeit, Vergangenheit, Gegenwart und Zukunft umspannend. Das Gebet beginnt:

Heilig, heilig, heilig ist der Herr, Gott der Allmächtige, der ist und der war und der kommen wird.
(Resp.): Loben und erheben wir ihn über alles für allezeit.

Würdig bist du, Herr, unser Gott, Lob, Ruhm und Ehre und Segen zu empfangen.
(Resp.): Loben und erheben wir ihn über alles für allezeit.

Würdig bist du, Lamm, das geschlachtet ward, Kraft und Gottheit und Weisheit und Stärke und Ehre und Ruhm und Segen zu empfangen.
(Resp.): Preisen wir Vater und Sohn mit dem Heiligen Geist […]

Es mögen ihn loben, ihn, den Ruhmreichen, Himmel und Erde und alle Geschöpfe im Himmel und auf Erden und selbst unter der Erde, das Meer und was darin ist. Ruhm dem Vater und dem Sohn und dem Heiligen Geist.
(Resp.): Wie es im Anfang war und jetzt ist und immer für die Zeiten aller Zeit.

Allmächtiger, heiligster höchster und erhabenster Gott, du alles Gute, du höchstes Gut, der du allein gut bist! Wir bringen dir alles Lob, allen Ruhm, allen Dank, alle Ehre, allen Segen und alles Gute.
(Resp.): Es werde, es werde! Amen.

(PreisHor 1–4; 8–11)

Aus seinem Testament

Franziskus ging ursprünglich davon aus, die im Evangelium enthaltenen Jesus-Worte in buchstäblicher Übernahme zur Grundlage und zum Inhalt seiner Gemeinschaftsregel zu machen. Er und später auch ein Teil seiner Brüder hielten es für unstatthaft, durch Interpretationen das an ihn ergangene Wort in irgendeiner Weise abzumildern und damit zu verändern. Nun kennt die Überlieferung noch andere, offenbar von ihm eigenständig formulierte und diktierte Fassungen. Eine besondere testamentarische Bedeutung kommt gewiss jenem Text zu, der aus dem letzten Lebensjahr 1226 von ihm, dem *Bruder Franz*, stammt und zugleich einige Elemente seiner persönlichen Lebensbilanz enthält.

Darin unterscheidet er die Zeit, in der er noch, wie er sich ausdrückt, *in Sünden war.* Gemeint ist das alte, das freizügig gelebte Leben, gleichsam seine jugendliche Sturm-und-Drang-Zeit. Dann aber geschah ihm die Umkehr, durch die sich für ihn alles radikal verändert hat, angefangen beim Bruch mit seinem Vater Pietro Bernardone und dem Auszug aus dem Elternhaus. Denn Gott habe ihm, wie er nun schreibt, den *Anfang im Bußetun* gesetzt und damit seine Lebenswende eröffnet. Jetzt erst wurde er zu dem, als den wir ihn heute kennen.

Dieser Anfang sei ihm *gar bitter* aufgestoßen, bekennt er eingangs. Schon allein die Tatsache, beispielsweise Aussätzige sehen zu müssen, habe ihn zuerst angewidert und bei Weitem überfordert. Diesen bemitleidenswerten Menschen sei er ausgewichen, weil er ihren Anblick, ihren erbärmlichen Zustand, nicht ertrug. Doch selbst das habe sich für ihn erstaunlicherweise grundlegend geändert. Denn er sei nach seiner Bekehrung fähig geworden, ihnen freundlich zugewandt zu sein und ihnen mit allerlei Taten der Liebe und der Barmherzigkeit zu begegnen. Und was die anfängliche Bitterkeit des Widerwillens anlangt, so habe sie Gott bei ihm *in Süßigkeit des Geistes und Körpers verwandelt.*

An diesen Bericht schließt der weitere Wortlaut seines letzten Vermächtnisses an. Wie man sieht, legt Franz Wert auf die ausdrückliche Feststellung, seiner Kirche und ihren Priestern unterwürfig und den geltenden Normen getreu verbunden zu sein. Dafür dürfte ein mehrfach anzutreffender Grund bestehen, nämlich das Bestreben, mit allerlei umtriebigen oder gar zwielichtig erscheinenden Verbindungen von Männern und Frauen nicht in einen Topf geworfen zu werden. Aber Franz legt ferner nachdrücklich Wert auf die Feststellung seiner Rechtgläubigkeit. Dies bekundet er mit den Worten seines Gebets, das sein *Katholischsein* unterstreicht. Insofern habe er sich niemals von Christus, dem Erlöser, und von der Christenheit entfernt:

Und der Herr schenkte mir solches Vertrauen in die Kirchen, dass ich ganz schlicht betete und sprach: „Wir beten dich an, Herr Jesus Christus, hier und in allen deinen Kirchen in der ganzen Welt, und wir preisen dich, weil du durch dein heiliges Kreuz die Welt erlöst hast.“

Und der Herr schenkte mir dann und schenkt mir so großes Vertrauen in die Priester, die nach der Satzung der heiligen römischen Kirche leben, um ihres Standes willen, dass ich, wenn sie mich verfolgen würden, Zuflucht bei ihnen suchen wollte. Und wenn ich so viel Weisheit hätte, wie Salomo und zu armseligen Weltpriestern käme [...], will ich ohne ihren Willen nicht predigen. Und sie und alle andern will ich fürchten, lieben und ehren als meine Herren.

(Test 4–7)

Franz ist sich offensichtlich zwar deutlich dessen bewusst, dass die ihm bekannte Geistlichkeit durchaus nicht immer ein vorbildliches Leben führt, weshalb Priester und Mönche der zeitgenössischen Kritik unterworfen werden, beispielsweise durch Menschen, die von der kirchlichen Obrigkeit gerade aus solchen Gründen als Ketzer gebrandmarkt werden. Doch derartige Bedenken stellt er ebenfalls hintan. Da ist es nun bemerkenswert, dass er nicht etwa in den Chor der zeitgenössischen Ankläger einstimmt, sind für ihn doch die Priester jene Leute, die die Sakramente verwalten und das Heilige hüten. Sie verdienen daher Achtung, ja selbst eine gewisse Untertänigkeit. Deshalb sein ausdrücklicher Verzicht auf jegliche Mängelrüge, als ob allein schon die empfangene Weihe eine nicht gerade vorbildliche Lebensweise rechtfertige.

Und ich will auf keine Sünde in ihnen [den Priestern] schauen, weil ich den Sohn Gottes in ihnen erkenne und sie meine Herren sind. So halte ich es deswegen, weil ich leibhaftig in dieser Welt nur eins von ihm, dem höchsten Sohne Gottes, sehe, nämlich seinen heiligsten Leib und sein heiligstes Blut, das sie empfangen und sie allein den anderen darreichen.

(Test 9–10)

Wichtig ist ihm ferner die Feststellung, auf seinem Glaubensweg nicht eigenen Vorstellungen, auch nicht denen seiner Brüder, gefolgt zu sein, sondern allein den Weisungen Christi, wie sie im Evangelium aufgezeichnet sind. Insofern hält er seine Vorgehensweise und Lebensart für unanfechtbar. Sein Auftraggeber sei im Grunde Gott selbst, Gott allein; und ordnungsgemäß bestätigt worden sei er durch dessen Stellvertreter auf Erden. So ist es in der Tat geschehen, selbst durch den „Sonnenpapst" Innozenz III., der ihm das apostolische Armsein gestattete:

Und als der Herr mir Brüder gab, zeigte mir keiner, was ich zu tun hätte, sondern der Höchste selbst offenbarte mir, dass ich nach der Form des heiligen Evangeliums leben solle. Und ich ließ es mit wenigen Worten schlicht aufschreiben, und der Herr Papst bestätigte mir dies. Und die kamen, um diese Lebensweise anzunehmen, gaben alles, was sie hatten, den Armen und waren zufrieden mit einer Kutte, innen und außen geflickt, samt Strick und Hosen; und mehr wollten wir nicht haben. Das Offizium sprachen wir Kleriker[31] *wie andere Kleriker.*

(Test 14–18)

Das heißt: Franz und die Seinen hielten sich aus den genannten Gründen seiner Katholizität an die offiziellen Wortlaute der Messkanons, womit sein Bestreben noch-

31 Franziskus war Diakon.

mals zum Ausdruck gebracht ist, in keine der Irrlehren oder Häresien seiner Zeit abzuirren. Und weil sich Franz mit seinen Freunden an abgelegenen Orten und Einsiedeleien aufhielt, meint er hinzufügen zu müssen, dass dies nicht etwa als eine Distanz zur Kirche aufgefasst werden dürfe, denn: *Gern und genug verweilten wir in den Kirchen. Und wir waren ungebildet und allen untertan ...*

Zu seiner Lebensbilanz gehört sodann die nüchterne Feststellung, nicht etwa nur auf Almosenempfang eingestellt zu sein, wenn er fortfährt:

Und ich arbeitete mit meinen Händen und will arbeiten. Auch alle anderen Brüder sollen eine ehrbare Arbeit verrichten. Wer sich auf keine versteht, der lerne etwas, nicht aus Gier nach dem Lohn, sondern um ein Beispiel zu geben und um den Müßiggang zu vertreiben. Und würde uns einmal der Arbeitslohn nicht gegeben, so wollen wir uns an den Tisch des Herrn wenden und Almosen erbitten von Tür zu Tür ...

(Test 20–22)

Dass Franz neben dem Gebot der Armut auch dem innergemeinschaftlichen Gehorsam eine kaum geringere Bedeutung beimaß, geht aus den anschließenden Abschnitten hervor. Denn wer unter den Brüdern zum „Minister“, das heißt wörtlich: zum Diener bestellt ist, dessen Weisungen sei anstandslos Folge zu leisten. Davon sei auch er keinesfalls ausgenommen. Auch habe jeder Funktionsträger der Bruderschaft sich nach diesen Grundsätzen der Demut zu richten. Ihnen ist es im Übrigen, wie gesagt, nicht einmal gestattet, das Aufgezeichnete nach Gutdünken auszulegen, weil es sich um Weisungen handle, die ganz ohne menschliche Vermittlung *unmittelbar vom Herrn gegeben* seien; darum die in die Zukunft der Gemeinschaft gerichtete vorsorgliche Bestimmung:

Der Generalminister[32] *und alle anderen Minister und Kustoden seien im Gehorsam verpflichtet, den Worten hier nichts hinzuzufügen oder wegzunehmen. Und immer sollen sie dies geschrieben neben der Regel bei sich haben. Und bei allen Kapiteln, die sie abhalten, sollen sie neben der Regel auch diese Worte verlesen. Und allen meinen Brüdern, Geistlichen und Laien, befehle ich mit Nachdruck im Gehorsam, dass sie keine Interpretation in die Regel setzen, auch nicht in die Worte hier, und sagen: So wollen sie verstanden sein. Sondern wie der Herr mir gegeben hat, in Einfalt und rein die Regel und diese Worte zu sagen und zu schreiben, so versteht ihr sie in Einfalt und rein ohne Deutung, und bewahrt sie in heiliger Beachtung bis an Ende.*

Und einen jeden, der dies bewahrt, erfülle im Himmel der Segen des höchsten Vaters, und erfülle auf Erden der Segen seines lieben Sohnes zusammen mit dem Heiligsten Geist, dem Tröster, und allen Mächten des Himmels und allen Heiligen. Und ich, Bruder Franziskus, der ganz Geringe, euer Knecht, bestätige euch, soviel ich nur kann, drinnen und draußen diesen heiligsten Segen.

(Test 35–41)

Weil Franz schließlich damit rechnen konnte, seine Brüder würden diese ihm so wichtigen vermächtnishaften Worte möglicherweise als Zutat zu bisherigen Regeln auffassen, fügte er diesem seinem Testament noch die Bemerkung ein:

32 So heißt heute noch der Ordensobere des gesamten Ordens.

Und kein Bruder möge sagen: Dies ist eine neue Regel, denn dies ist Erinnerung, Ermahnung, Aufmunterung und mein Testament, das ich, Bruder Franziskus, der ganz Geringe, euch meinen gesegneten Brüdern deshalb mache, dass wir die Regel, die wir dem Herrn gelobt haben, besser katholisch[33] *befolgen.*

(Test 34)

Mit guten Gründen wird durch die Forschung darauf hingewiesen, dass dem Testament biografische Bedeutung zuzuschreiben sei. „Denn Franziskus blickt hier auf sein Leben zurück und beschreibt, was für ihn entscheidend war und immer noch ist. Eine Rekonstruktion der Lebensgeschichte des Heiligen kann darum nicht an diesem Testament vorbeigehen [...] Ebenso sicher hat das Testament für die Ordensgeschichte Bedeutung. Denn die eindeutigen Worte des Heiligen werden bald gesetzlich, statt in einem wirklich geistlichen Sinn verstanden. Wenn man das Testament gesetzlich versteht, also stur am Buchstaben kleben bleibt, kann man natürlich in veränderten Zeiten nichts mehr mit ihm anfangen und muss es außer Kraft setzen."[34]

So plausibel dieser Gedanke erscheinen mag, ist nicht zu leugnen, dass die jeweilige praktische Umsetzung im Franziskanerorden nur zu bald auf erhebliche Schwierigkeiten stoßen musste. Die Nachfahren des Franziskus waren mit dem geistlichen Erbe ihres Vaters offensichtlich überfordert. „Bei aller ihm entgegengebrachten Verehrung war

33 *Katholisch sein* meint hier wohl die volle Übereinstimmung mit den Satzungen der ganzen Kirche, wodurch eine Sektenbildung prinzipiell ausgeschlossen sein möge.

34 Elisabeth Hug und Anton Rotzetter, in: Franz von Assisi. Gotteserfahrung und Weg in die Welt,. Olten S. 31 f.

es für ihre Schultern viel zu schwer. Seine Söhne besaßen kaum die Fähigkeit, die unermessliche Hinterlassenschaft zu bewältigen, woraus sich die betrübliche Nachgeschichte erklärt. ‚Wir haben so Vieles und so Großes gesehen, dass es uns unmöglich ist, alles aufzuschreiben', gesteht Bruder Leo, und meinte, ‚weder ihr noch wir haben die ganze Heiligkeit dieses Menschen erkannt, wie wir sie hätten erkennen sollen'."[35]

Der Sonnengesang

Der bekannteste Text aus der Feder – oder sollte man eher sagen: das bekannteste Lied aus dem Mund – des *Poverello* stellt der *Sonnengesang* dar. Franz von Assisi kann als ein geistlicher Lobsänger gelten. Oder in Anlehnung an die Gesangskultur des Mittelalters, speziell Südfrankreichs, als ein *Troubadour der Gottesliebe,* als ein geistlicher Minnesänger, und zwar ein solcher, der die gesamte Schöpfung liebend umarmt: den gestirnten Himmel ebenso wie die Erde mit ihren Elementen. Er wurde somit zum Laudator einer über die menschliche weit hinausreichenden kosmischen Geschwisterlichkeit.

Zur Struktur und spirituellen Prägung der Hymne bemerkt der Franziskus-Kenner Leonhard Lehmann: „Im Aufzählen der Kreaturen herrscht die Ordnung von oben nach unten, vom Himmel zur Erde, dann zum Menschen. Dieser wird nicht wie in der Antike in seiner Kraft, Schönheit und Herrschaft über die Natur besungen, sondern in seiner Fähigkeit, zu dulden und Frieden zu stiften. Daran entscheidet sich Seligkeit oder Verdammung.

35 Walter Nigg: Vom Geheimnis der Mönche. Zürich 1953; 1990, S. 275.

Neben diesem Gegensatz bestimmt die sich ergänzende Polarität der Geschlechter das Lied: Bruder – Schwester. Der Kosmos ist nach drei Geschwisterpaaren geordnet, wobei *Herr Bruder Sonne* und *Schwester Mutter Erde* alles umfangen. Auch für den Menschen gilt die polare Zuordnung: der Liebe (*amore*) steht Schwester Tod (*sora nostra morte*) gegenüber; sie empfängt den, der liebt, zum ewigen Frieden [...] Trotz des Ausgriffs in die Weite des Universums ist durch die Bruder- und Schwester-Anrede alles in die Nähe geholt. Jedes Wesen hat sein eigenes Gesicht, ja gewinnt es gerade dadurch, dass der Sänger besondere Eigenschaften und Werte eines jeden hervorhebt. Dem Lied liegt ein mystisches Ganzheitserlebnis zugrunde, ohne dass dabei Gott und Schöpfung ineinander pantheistisch aufgehen [...] Ebenso typisch ist die Einheit von Lob Gottes und Aufruf an die Menschen. Denn das Lied entspricht dem in der Regel vorgesehenen Modell einer Lob- und Mahnrede (*laus et exhortatio*), es dient nach Franz' eigenem Wunsch dazu, die durchs Land ziehenden Brüder in der Predigt zu unterstützen; denn – so sagt er einmal – was sind die Minderbrüder anderes als *Spielleute Gottes*, die die Herzen der Menschen zu geistlicher Freude bewegen."[36]

Die Franz von Assisi gewogenen Erzähler und die von den Legenden inspirierten Maler scheinen seinem Gesang fasziniert gelauscht zu haben, wenn er, wie es heißt, den Vögeln predigte. Dass dies, wie immer man sich diese seine „Predigt" konkret vorstellen mag, keiner theologischen oder theoretischen Belehrung entsprach, sondern eher einer begeisterten, einer überschwänglichen Rühmung

36 Leonhard Lehmann: Sonnengesang, in: Praktisches Lexikon der Spiritualität. Hrsg. Christian Schütz. Freiburg 1988.

des In-der-Welt-Seins aller Dinge und Wesenheiten, also einer Naturfrömmigkeit und einer gleichzeitig darin sich darstellenden geistlichen Handlung – das alles will bedacht sein. Es ist zugleich eine Anregung und Einladung zur eigenen Vertiefung, zu einer naturalen Meditation. Unnötig zu sagen, wie aktuell die Lobpreisungen des Poverello nach wie vor sind.

Und dass es der gewinnenden Friedfertigkeit des Franziskus zu verdanken gewesen sei, dass selbst Tiere seinem gütigen Wort bereitwillig Gehör zu schenken vermochten, belegt die Legende vom berüchtigten *Wolf von Gubbio.* Der war, so wird erzählt, der Schrecken der jeweiligen Gegend, wohin der Gefürchtete seine Raubzüge lenkte. Man musste dem Untier eben auf franziskanische Weise nur gut zureden, um ihn zu einem schließlich wohl gelittenen und harmlosen, ja geradezu liebenswerten Zeitgenossen zu machen. Und dazu war, so heißt es, allein der heilige Franz in der Lage. Alles in allem ein Traum von einem neuen Umgang mit der Tierwelt.

Gewiss sollte man sich hüten, den bisweilen als Narr verhöhnten Francesco aus Assisi als einen romantischen Schwärmer oder als einen begeisterten Vorläufer aller Umweltbewussten bald rühmend, bald geringschätzig abzutun. Denn – um es mit Josef Sudbrack S.J. auszudrücken – „mit der Charakterisierung ‚Naturmystik' wäre nur *ein* Zug der Erfahrung des Heiligen beschrieben; seine ‚Liebe zu den beseelten und unbeseelten Geschöpfen' (Thomas von Celano) ist eingebettet in den preisenden Aufblick zum Schöpfergott. Unlösbar davon ist die Jesus-Nachfolge, die im Empfang der Wundmale als ‚mystischer Kreuzigung' (K. Ruh) gipfelt, und das hohe Sendungsbewusstsein: Der Herr selbst habe ihm den Weg des Evangeliums geoffenbart. Franz kennt auch die Einwohnung Gottes im Menschen. Und dies alles wird in der Sprache des Dichters besungen. Der ‚*Sonnengesang*' ist das erste Zeugnis in italienischer Volkssprache."[37]

Zweifellos ließ sich der Poverello durch die Psalmen der hebräischen Bibel beeinflussen. Dafür spricht die Tatsache, wie ihm das dichterische und musikalische Medium der Schrift naheging. Man muss nur den 148. Psalm aufschlagen, wo mit den Gestirnen, den Gewässern, den Bergen und Hügeln all das gerühmt wird, was sich darauf und darin bewegt. Der Sänger dieses Sonnenliedes steht somit in einer bereits längst bestehenden großen religiösen Tradition der Naturfrömmigkeit. An sie knüpft er an.

Im Übrigen pflegte Franz mit seinen Brüdern den Gesang der *Drei Männer im Feuerofen* (aus dem Buch Daniel, Kap. 3) anzustimmen. Es handelte sich demnach nicht um eine beiläufige Erwähnung der Natur; es handelte sich vielmehr um das universell ausgerichtete religiöse Programm des Franziskus, zugleich um sein Vermächtnis für die Nachwelt!

Schließlich nimmt der *Sonnengesang* auch eine literaturgeschichtliche Stellung ein: „Die rhythmische Prosa des Sonnengesangs (33 Verse, die von ihrer Anzahl her als Hinweis auf das Lebensalter Christi gedacht sein mögen, nach Art der Psalmen, unter Verwendung von Reimen und Assonanzen) gehört zu den allerersten dichterischen Gestaltungen der italienischen Sprache überhaupt. Ohne das Raffinement der sizilianischen Minnedichtung oder des Bologneser *dolce stil nuovo* klingen hier Töne an, die wenig später, im Halleluja-Jahr 1233 in dem von Franziskus

37 Josef Sudbrack, in: Ruhbach / Sudbrack (Hrsg.): Christliche Mystik. Texte aus zwei Jahrtausenden. München 1989, S. 132.

religiös erweckten Umbrien ihr gewaltiges Echo finden. Es entstehen ähnliche *Lauden* als echte Volkslieder, wohl die schönsten, die je in Europa gesungen wurden und werden, bei den Flagellantenzügen nach 1260 mit der gleichen elementaren Gewalt zu Passionsliedern."[38] Angesichts dieser Tatsache möchte mancher vielleicht wünschen, die geistlich-poetische Hinterlassenschaft möchte in einem größeren Umfang erhalten geblieben sein als sie auf uns gekommen ist.

Und weil diese Dichtung nicht nur die Sonne rühmt, sondern die Kräfte der Schöpfung, wie auch aller Kreaturen, drücken dies die ursprünglichen Titel-Bezeichnungen aus: (ital.) *Il cantico delle creature* oder auch (lat.) *Laudes domini de creaturis.*

Höchster, allmächtiger, guter Herr,
dir sei das Loblied, die Herrlichkeit, die Ehre
und jedweder Segen.
Dir allein, Höchster, gebühren sie.
Kein Mensch ist würdig, dich zu nennen.

Lob sei dir, mein Herr, mit deiner ganzen Schöpfung.
Vor allem mit dem Herrn Bruder Sonne.[39]
Er bringt uns den Tag
und spendet uns Licht.
Schön ist er und strahlend mit großem Glanz,
von dir, Höchster, ein Zeichen.

---

38 Manfred Strauß, in: Kindlers Neues Literaturlexikon München 1988, Band 5, S. 757.

39 Im Italienischen ist das grammatikalische Geschlecht von „Sonne" männlich und von „Mond" und „Tod" weiblich.

Lob sei dir, mein Herr, durch Schwester Mond
und die Sterne.
Am Himmel hast du sie gebildet,
glänzend, kostbar und schön.

Lob sei dir, mein Herr, durch Bruder Wind,
durch Luft und Wolken,
durch heiteres und jegliches Wetter.
Durch sie gibst du deiner Schöpfung Leben.

Lob sei dir, mein Herr, durch Schwester Wasser.
Sehr nützlich ist sie, demütig, kostbar und rein.

Lob sei dir, mein Herr, durch Bruder Feuer.
Durch ihn ist die Nacht erhellt.
Schön ist er, fröhlich, stark und mächtig.

Lob sei dir, mein Herr, durch unsere Schwester
Mutter Erde.
Sie belebt und lenkt uns.
Sie bringt viele Früchte,
farbige Blumen und Gräser hervor.

Lob sei dir, mein Herr, durch alle,
die um deiner Liebe willen vergeben,
durch alle, die Schwachheit und Not ertragen,
glücklich, die ausharren in Frieden.
Du, Höchster, wirst sie krönen.

Lob sei dir, mein Herr, durch unsere Schwester
den leiblichen Tod.
Kein lebender Mensch kann ihr entrinnen.

Weh denen, die in tödlicher Schuld sterben.[40]
Glücklich, die er findet in deinem heiligsten Willen.
Der zweite Tod[41] *tut ihnen nicht Böses.*

Lobet und segnet meinen Herrn!
Dankt und dient ihm in großer Demut!

(Sonn)

---

40 Damit ist auf die nicht zu vergebenden und die Todsünden angespielt, die insbesondere den mittelalterlichen Menschen beunruhigen mussten.

41 Ein Hinweis auf die ewige Verdammnis, die dem droht, der in Sünden stirbt.

Franziskanische Spiritualität

Wer sich, etwa im Vergleich zu anderer Religiosität, nach Wesen und Besonderheit christlicher Frömmigkeit erkundigt, sieht sich – abgesehen von eigenen spirituellen Wahrnehmungen – einer Vielgestalt, das heißt einem lebendigen Strom von Formen und Weisen religiösen Erlebens, sowie auch der spirituellen Erfahrung gegenüber. Das Neue Testament schildert – vereinfacht ausgedrückt – Jesus Christus, die Christuserscheinung, auf eine zweifache Weise: Die Evangelien, namentlich die ersten drei, die synoptischen Schriften von Matthäus, Markus und Lukas, erzählen in je akzentuierter Gestalt von Leben, Passion und Auferstehung des Menschen Jesus von Nazaret. Begonnen hat er seine Tätigkeit als ein Wanderprediger. Über die Regionen Palästinas, von Galiläa und Judäa, ist der gesetzestreu lebende Jude zeitlebens nicht hinausgekommen. Der Apostel Paulus verkündigt zwar ebenfalls den Gekreuzigten und Auferstandenen. Aber er, der den irdischen Jesus vermutlich nicht gekannt hat, tut es aus seiner inneren, seiner mystischen Erfahrung heraus und mit visionärem Blick auf den kosmischen Christus, in dem „die Fülle der Gottheit leibhaftig wohnt“ (Kol 2,9). Damit sind zwei differenzierte

Christus-Anschauungsweisen vorgebildet, die im Lauf der Kirchengeschichte jeweils unterschiedliche Ausprägungen erfahren haben.

Daran gemessen ist es nun charakteristisch für die Frömmigkeit des Franz von Assisi, dass er sich nicht so sehr von dem himmlischen, dem erhöhten und wiederkommenden Christus in jener eindringlichen Weise wie Paulus (Gal 1,15 ff) angesprochen fühlt, sondern von dem irdischen Jesus. Ihn fasziniert „der schlichte Mann aus Nazaret". Ihn hat er in seiner konkreten Menschlichkeit stets vor Augen, wann immer er ihn anruft. Seine Stimme ist es, die er wie die eines stets Gegenwärtigen vernimmt. Ihn erlebt er unmittelbar. Diese Einstellung rührt offensichtlich von seinem Bedürfnis her, möglichst sinnenhaft den Mann der Passion als seinen Bruder wahrzunehmen. Daraus resultiert wiederum die Bereitschaft, sein eigenes Leben nach der Weise dieses besonderen Menschen einzurichten, dem nichts Menschliches fremd gewesen ist. So wie Jesus sich der Hilfsbedürftigkeit leidender Menschen angenommen hat, will auch Franziskus zusammen mit seinen Brüdern Barmherzigkeit und Anteilnahme üben. Darin will er ein anregendes Beispiel, letztlich für alle Christenmenschen, sein. Für ihn selbst samt denen, die ihm auf dem Weg der Nachfolge verbunden sind, gilt der programmatische Satz am Eingang zur *Franziskus-Regel:*

Unseres Herrn Jesu Christi heiliges Evangelium befolgen ist Regel und Leben der Minderen Brüder.

(BR 1,1)

Er, der Jude aus Nazaret, war es auch, der im bewegten Leben des jungen Mannes die totale Umkehr auszulösen vermochte. Und so wie der galiläische Wandercharismatiker Jesus seine Jünger in die Nachfolge berief, so ließ sich auch der umbrische Kaufmannsohn Franziskus auffordern, in dessen Fußstapfen zu treten und sein Leben nachzuahmen (*imitatio Christi*). War es doch der Gekreuzigte, der ihn in jenem besonderen, zugleich entscheidenden Augenblick aufforderte, jenes baufällige Kirchlein von San Damiano auszubessern und so mit dem Dienst für das Reich Gottes zu beginnen. Da wie dort hatte Neues zu beginnen!

Und wenn die Evangelien die Aussendungsreden Jesu überliefern, so mussten ihm diese Wortlaute als nachzuahmendes Muster, gleichsam als eine normgebende Dienstanweisung dienen. Insofern hielt sich Franz für befugt, diese ihm bedeutsamen Jesus-Worte auch für seine ersten Gefolgsleute verbindlich zu machen. Das zeigt schließlich sein 1226, also in seinem Todesjahr, abgefasstes Testament. Weitere Worte und Gesten dieser Art – etwa das von Jesus vollzogene Realsymbol der *Fußwaschung* – ergänzten die ersten grundlegenden franziskanischen Ordensregeln, nach denen Franz mit den Brüdern den Willen und Auftrag seines Herrn zu erfüllen suchte. Mit einem Wort: Franziskanische Spiritualität wurzelt in jesuanischer Theologie und Lebenspraxis.

Und wenn es sich dabei nicht nur um beeindruckende verbale Zeugnisse handeln durfte, sondern vielmehr um ein bis tief in seine physische Körperlichkeit eingegrabenes, ein prägendes Bild des leidenden Christus, so drücken das die Wundmale aus, die Franziskus auf dem Monte Alverna empfangen hat – für ihn zugleich ein unauslöschliches Siegel. Insofern nahm der Poverello als „Gleichgestalteter“ nach dem Verständnis vieler geradezu messianische Züge an. Sie meinten, in ihrem Bruder Franz den Nazarener leibhaft vor sich zu haben, dessen Stimme in seiner Predigt zu vernehmen. Die Minderen Brüder wie auch Schwester Klara von Assisi und die diesen Weg der Nachfolge in Armut folgenden Schwestern

> *... sollen vor allem danach verlangen, den Geist des Herrn zu besitzen und sein heiliges Wirken, immer zu Gott zu beten mit reinem Herzen, Demut zu haben, Geduld in Verfolgung und Krankheit, und jene zu lieben, die uns verfolgen, tadeln und beschuldigen*
>
> *(BR 10,8–9).*

„Franziskus hatte seinen Söhnen nicht nur das *lumen veritatis divini* [das Licht der göttlichen Wahrheit] in der *operatio* eines dem Vater wohlgefälligen Lebens zum verpflichtenden Beispiel werden lassen, sondern ihnen darüber hinaus auch durch Wort und Leben wesentliche Leitgedanken mitgegeben, die auch ihr Leben und ihr Denken formten und naturgemäß auch auf das Leben und Denken der Theologen des Ordens nicht ohne Einfluss blieben."[42]

Stets handelt es sich für Franz von Assisi darum, dem biblischen Zeugnis in jeder Hinsicht folgerichtig zu entsprechen. Insofern werden seine Größe und seine Bedeutung mit Recht daran gemessen, dass er sich nicht auf irgendwelche Sonderlehren stützt, „sondern lediglich bestimmte Gedanken und Anliegen des Evangeliums selbst besonders hervorhebt und gleichsam unterstreicht [...] Er denkt nicht so sehr in Begriffen als vielmehr in heilsgeschichtlichen Fakten, und seine Argumentationen fußen in urbildlicher Weise immer wieder darauf, dass in der Geschichte Jesu

42 Werner Dettloff: Franziskanerschule, in: Theologische Realenzyklopädie (TRE) Berlin 1983, Bd. 11, S. 299.

anschaubar geworden ist, was einst sein wird, und verständlich wird, was gewesen ist."[43]

Darüber ist nicht zu vergessen, dass sich Franz von Assisi nach seiner Bekehrung keineswegs nur auf die missionarische Tätigkeit von Bußpredigt und Seelsorge beschränkte. Unverzichtbar für ihn war die Erfüllung des Gebotes der christlichen Nächstenliebe, in Krankenpflege und Armenfürsorge – so begrenzt und auch so wenig effektiv aus heutiger Sicht der praktische Wert dieses Tuns gewesen sein mochte. Doch es ging Franz gerade um aufweisbare Taten, um das Tun als solches. Es ging um den tatsächlichen menschlichen Einsatz als sichtbares Zeichen der Nachfolge. Beispielgebend handelte es sich um den liebenden Umgang mit Aussätzigen. Denen gegenüber wahrte die bürgerliche Gesellschaft verständlicherweise Distanz, zumal es für nur wenige Patienten so etwas wie ein Spital gab, etwa in einem Kloster der Benediktiner oder Zisterzienser.

Was die Taten christlicher Barmherzigkeit betrifft, so konnte sich Franziskus auf ein weiteres Jesus-Wort berufen, nämlich auf dessen Reden vom Letzten Gericht, bei dem allein das selbstlose Einstehen für andere zählt. (Mt 25,20): „Was ihr getan habt einem unter diesen meinen geringsten Brüdern [*fratribus meis minimis*], das habt ihr mir getan!" So waren da wie dort in einem recht konkreten Sinn *Mindere Brüder* gemeint, die einen als Diener, die anderen als Empfänger der Erweise christlicher Barmherzigkeit.

Die franziskanische Spiritualität war somit von Anfang an keine nur mönchisch-klösterlich geformte Frömmigkeit gebunden – das änderte sich erst im Laufe der Ordensentwicklung –, sondern sie ereignete sich *inmitten der Welt*, auf den Straßen und Plätzen in aller Öffentlichkeit. Auch

43 Werner Dettloff a.a.O.

darin wollte es Franziskus seinem Herrn gleichmachen (*conformitas*). Er wollte fortan als einfacher Diener (*minister; diákonos*) der Seinen aktiv werden. Dienend hat er die Menschen überzeugt! Das war es, was seine Heiligkeit qualifizierte. Welch eine *andere Kirchlichkeit* trat – gemessen am üblichen kirchlichen Pomp – mit diesen Franziskus-Brüdern auf den Plan! Anstelle einer glorreich sich gebärdenden, herrschenden, eine *dienende Kirche,* deren Einfachheit nicht zu überbieten war. All das konnte nicht unbeachtet oder ohne Widerhall bleiben.

Was die Arbeit und das Dasein für andere anlangt, der sich Franz und Klara je nach ihren Möglichkeiten widmeten, so sagt hierzu die Regel aus dem Jahr 1223:

Jene Brüder, denen der Herr die Gnade zu arbeiten verliehen hat, sollen in Treue und Hingabe arbeiten, und zwar so, dass sie einerseits den Müßiggang als der Seele Feind vertreiben, andererseits aber den Geist des Gebetes und der Hingabe nicht auslöschen, dem alles Zeitliche dienen muss.

(BR 5,1–2).

Damit stellt sich Franziskus in die seit dem 6. Jahrhundert bestehende benediktinische Tradition des *Bete und Arbeite* (*ora et labora*) hinein.

Aber wie sollen die „Täter des Wortes" auf die ihnen widerfahrende Resonanz ihrerseits reagieren? In den *Ermahnungen* an die Brüder nimmt Franziskus darauf Bezug; so heißt es einmal:

Selig der Knecht, der sich nicht besser dünkt, wenn er von den Menschen laut gepriesen und gerühmt wird, als wenn er für unbedeutend, einfältig und verächtlich gehalten wird.

Denn was ein Mensch vor Gott wert ist, das ist er, und nicht mehr.

(Erm 19,1)

Seinen Nachfolgern gibt Franz von Assisi ferner zu bedenken, dass es sich nicht etwa allein um die Erfüllung oder um den Nachvollzug von einstmals ergangenen Handlungsanweisungen handle, was er ihnen aufträgt. Denn täglich ereigne sich ein ebenfalls sehr wörtlich zu nehmender *Gottesdienst*, nämlich als ein *Dienst Gottes an den Menschen*, und zwar in der Gestalt der Menschwerdung Jesu Christi in Brot und Wein der heiligen Messe. Das heißt: Darin kommt eine sakramentale Mystik zur Geltung, die als eine solche von jedem Einzelnen als ein konkretes Ereignis aufgefasst werden möge, denn: Wer mit den Augen des Geistes (*oculis spiritualibus*) auf das täglich empfangene Sakrament blickt und Christus in der Eucharistie mit allen Sinnen empfängt, dem öffnet Franziskus den Blick für das zugrunde liegende sakramentale Geschehen:

O seht doch, täglich erniedrigt er sich, so wie er vom königlichen Thron herab in den Schoß der Jungfrau stieg. Täglich kommt er selber zu uns und zeigt sich in Demut, täglich steigt er in den Händen des Priesters aus dem Schoß des Vaters herab auf den Altar. Und wie er sich den heiligen Aposteln in seinem wirklichen Fleisch zeigte, so zeigt er sich uns im heiligen Brot. Und wie diese beim Anblick seines Leibes nur seinen wirklichen Leib sahen, aber an ihn als den Herrn und Gott glaubten, weil sie ihn mit geistigen Augen anschauten, so lasst auch uns, die wir mit leiblichen Augen das Brot und den Wein sehen, auch schauen und zuversichtlich glauben, dass es wahrhaftig und lebendig sein heiligster Leib und sein Blut ist.

(Erm 1,16–21)

Von daher fällt ein weiteres bezeichnendes Licht auf das Wesen franziskanischer Mystik und Spiritualität. Die Ebene einer einseitig aufgefassten theologischen Rationalität mit ihrer Frage nach der bloßen Bedeutsamkeit ist verlassen. Es geht um *Realpräsenz*, das heißt um die volle Christus-Gegenwart im Brot und Wein. Das Brot, das beim Mahl gebrochen wird, stellt ebenfalls eine leibhafte Entsprechung zur Passion Jesu dar. Mit dieser Anschauung steht Franziskus keinesfalls allein, denkt man an das Bedürfnis der Menschen insbesondere seiner Zeit, etwas von dem schmecken und – etwa in der *Monstranz* – sehen zu wollen, was in der Eucharistie seinem eigentlichen Wesen nach geistlich-geistiger (*pneumatischer*) Natur ist. Dabei kommt auch noch ein seelsorgerlicher Aspekt zum Zug. Die gottesdienstliche Gemeinde erfährt im Einklang mit der ganzen Christenheit in der Kommunion die Bewegung vom Irdisch-Sichtbaren zum Unsichtbaren, zum Ewigen (*per visibilia ad invisibilia*).

Im selben Zusammenhang ist vervollständigend nochmals an die geschwisterliche Gesinnung zu erinnern, die Franziskus allen Geschöpfen entgegengebracht hat. Dies hebt der Kapuziner-Theologe Oktavian Schmucki mit dem bemerkenswerten Hinweis hervor: „Weder liegt ihr jede Form von Pantheismus fern, noch erschöpft sie sich in bloß ästhetischem Naturgefühl. Die franziskanische Idee der ‚Allverschwisterung' – mindestens in dieser ausgeprägten Form dürfte sie beim Heiligen erstmals bezeugt sein! – beruht zunächst in dem ihm stärkstens bewussten Schöpfungsglauben: Gott schuf nicht bloß – zusammen mit den Menschen – das Firmament, die unbeseelten Elemente und Tiere, sondern er weilt und wirkt dauernd *in ihnen.* Darum nehmen die Geschöpfe irgendwie an der Gotteskindschaft teil und werden somit in Christus, unserem Bruder, den Menschen zu Brüdern und Schwestern."[44]

Von daher versteht es sich, dass Franz von Assisi gegenüber herkömmlichen Anschauungen die Naturbezüge nicht nur in bild- oder gleichnishafter Weise auf den Schöpfergott herstellt, „vielmehr pflegt er mit den Kreaturen wie mit Personen und geistbegabtem Wesen brüderlichen Umgang [...] Mit ihnen zusammen fühlt er sich ohne Unterbrechung in einen kosmischen Chor des Gotteslobs einbezogen. Es war unleugbar eine mystische Erfahrung [...], die beim Poverello zur ‚Liebesmystik des Allerbarmens' und ‚zu dem kosmovitalen Einsgefühl mit dem Sein und Leben der Natur' geführt hat."[45]

So wie die franziskanische Friedensgesinnung einen unverzichtbaren Faktor dieser Geisteshaltung darstellt, so trifft das mit gleicher Bedeutsamkeit auf die Solidarität für all jene zu, die des Schutzes, der Hilfe und des geschwisterlichen Beistandes bedürfen. In der Nicht-bullierten Regel klingt dies mit an. Es handelt sich um einen Aufruf zur Selbstverpflichtung aller Brüder im Angesicht Gottes:

Nichts soll uns hindern, nichts stören, nichts trennen – überall wollen wir alle zu allen Zeiten und Stunden und Orten täglich und ohne Unterlass aufrichtig und demütig und von Herzen glauben, festhalten und lieben, ehren, anbeten, dienen, loben und preisen, rühmen und verherrlichen, Huldigung und Dank erstatten dem erhabenen, großen, ewigen Gott, der Dreiheit und Einheit, dem Vater und Sohn und Heiligen Geist, dem Schöpfer des Alls, dem

44 Oktavian Schmucki: Zur Mystik des hl. Franziskus von Assisi, in: Kurt Ruh (Hrsg.): Abendländische Mystik im Mittelalter, a.a.O. S. 263

45 A.a.O. S. 264.

Erlöser der Glaubenden, Hoffenden, Liebenden – ihm, der ist ohne Anfang und Ende, unveränderlich, unsichtbar, unaussprechlich, unnennbar, unfasslich, unerforschlich, gepriesen, preiswürdig, herrlich, gewaltig, geistig, erhaben, milde, liebreich und wonnig und über alles wert des Verlangens in Ewigkeit.

(NbR 23,10–11)

Was nun die heutige Begegnung mit franziskanischer Spiritualität und mit den Schriften des Franziskus anlangt, so trifft auf sie zu, was für die geistliche Lesung generell gilt, nämlich nicht bloße Kenntnisnahme der betreffenden Texte und ihrer theologischen Gedankeninhalte, ihrer Daten und Fakten. Der durch seine besondere Art der Hinführung und Vergegenwärtigung solcher Zusammenhänge bekannte reformierte Kirchenhistoriker Walter Nigg (1903–1988) gibt in seinem Franziskus-Porträt zu bedenken, dass ein meditativer Umgang geboten sei: „Die religiöse Aneignung von Franziskus' Leben erfordert eine andere Art des Lesens, als sie der moderne Mensch gewohnt ist [...] Es bedarf dazu einer wiederholten, inneren Versenkung, ähnlich wie der Heilige selbst sie auszuüben pflegte, der nicht weiter las, wenn er auf eine Stelle stieß, die ihn anregte, vielmehr das Buch schloss und über die Ausführung nachdachte, um ja nichts von ihrem kostbaren Gehalt zu verlieren [...] Ein neues Buchstabieren mit dem Herzen fordert diese Einübung, welche immer wieder versucht, das Gelesene für das eigene innere Leben fruchtbar zu machen."[46]

Und eben darin liegt die Aktualität der durch Franz von Assisi kreierten Spiritualität, dass sie sich keinesfalls nur auf Frauen und Männer bezieht, die sich als Ordensangehörige

46 Walter Nigg: Große Heilige. Zürich 1946, S. 86 f.

des ersten, zweiten und dritten Ordens die Lebensweise dieses Poverello bis in die Totalhingabe zu eigen gemacht haben. Vielmehr ist es an der Zeit, dass um des Daseins für Andere willen der Geist der Bescheidenheit, auch eines partiellen Verzichts, einschließlich der politischen Verantwortung für die Beseitigung von Unrechtsverhältnissen, unser Leben und Tun bestimmt. Der franziskanische Impuls ist vieler Formen der praktischen Verwirklichung im privaten wie im gesellschaftlichen Leben fähig.

Exkurs: Bonaventuras Weg nach innen

Die franziskanische Frömmigkeit und Mystik wurzelt zwar in der Hauptsache in der Person und im geistlichen Leben des Franz von Assisi. Sie gründet in seinem Streben, Jesus von Nazaret in allem Tun und Lassen durch Nachahmung (*imitatio*) und durch ein konsequentes Gleichförmigwerden (*conformitas Christi*) nachzufolgen. Aber auch viele andere, die dem Poverello als seine ersten Mitbrüder nachgefolgt sind, sowie die Nachgeborenen wirkten ebenfalls an der weiteren Ausgestaltung dieser Spiritualität mit. Das geschah Generation um Generation mit je eigener, nicht selten spannungsvoller Akzentuierung.

Zum ursprünglichen Lebenszeugnis trat die theologisch-spirituelle Ausdeutung der Weisungen des geistlichen Vaters (*pyter spiritualis*). Oft ging es in den mit Leidenschaft geführten Auseinandersetzungen um die Frage, mit welcher Strenge und Rücksichtslosigkeit gegen sich selbst die von Franz vorgeschriebene Armut im Wandel der Zeitverhältnisse praktiziert werden müsse. Die Ordensangehörigen prüften ihr Gewissen darauf hin, ob oder wie weit man hinsichtlich der Weisungen des Franziskus Kompromisse eingehen dürfe. Dabei liegt es in der Natur auch des spirituellen Lebens einer Gemeinschaft, dass es – etwa im Sinne Goethes – jeweils um eine *geprägte Form* geht, *die lebend sich entwickelt.* Dafür haben stets die engagierten Menschen mit ihrem speziellen Charisma einzustehen. Und die einst von Martin Luther erklärte *Freiheit des Christenmenschen* dürfte auch gegenüber den ursprünglichen, gleichwohl respektablen Willensäußerungen eines Franziskus eine angemessene Berücksichtigung finden können, ohne die Absichten des Ordensgründers durch notwendig werdende Reformen zu verfehlen.

Ein besonders profilierter Franziskaner der zweiten Generation, der seiner eminenten geistigen wie geistlichen Prägekraft wegen in diesem Zusammenhang stellvertretend für viele andere genannt werden soll, ist Johannes Fidanza (um 1220–1274), der unter dem Ordensnamen *Bonaventura* in die Kirchen- und vor allem in die Ordens- und Theologiegeschichte des Mittelalters eingegangen ist. Am 14. April 1482 wurde auch er in die Schar der Heiligen aufgenommen. Im Jahr 1587 erhob ihn die römisch-katholische Kirche zu einem ihrer Kirchenlehrer. Das zeigt, welche Hochschätzung die franziskanische Spiritualität als solche auch durch ihn erlangt hat.

Der Sohn eines Arztes aus Bagnoregio, einem südlich von Orvieto gelegenen Ort, wurde etwa zwanzigjährig Mitglied des bereits etablierten Franziskanerordens. Das geschah während seines Philosophiestudiums an der Sorbonne in Paris. Damit ist bereits zum Ausdruck gebracht, inwiefern er sich vom Stifter der Bruderschaft bei aller Vertrautheit mit dessen Intentionen in charakteristischer Weise unterscheidet. Anders als Franz hat Bonaventura als ein Intellektueller zu gelten. Wenn bisweilen die Frage gestellt wird, ob er als Mystiker anzusehen sei, so sprechen seine Lebenszeugnisse eine deutliche, gewiss eine bejahende

Sprache. Fest steht, dass er zum bedeutenden, auf religiöse Erfahrung setzenden Theologen seiner Gemeinschaft geworden ist, der sich in die Mystik des Franz von Assisi vertieft hat. Aus ihr lebte er, und dank seiner geistlichen Führungsqualitäten wurden ihm frühzeitig leitende Funktionen übertragen. Das geschah, als ihn die Brüder im Jahr 1257 zum Generalminister des Ordens erwählten. Dabei hatte er die ausdrückliche Weisung zu beachten, dass kein mit einem Amt oder einer Leitungsfunktion betrauter Bruder sich darauf etwas einbilden dürfe. Minister sein heißt dienstbarer Knecht sein.

Eine der Aufgaben des Bonaventura bestand darin, den mehrfach auftretenden ordensinternen Gegensätzlichkeiten gegenüber ausgleichend entgegenzuwirken. Von ihm stammt unter anderem eine neue, als offiziell erklärte Franziskus-Biografie (*Legenda maior et minor*). Die kirchenamtliche Anerkennung seiner Position erfolgte 1273 durch seine Ernennung zum Kardinalbischof. In dieser Eigenschaft nahm er im darauf folgenden Jahr an dem von ihm mit vorbereiteten Konzil von Lyon teil. An dessen Ende verstarb er.

Seiner Deutung verdanken wir, insbesondere gestützt auf seine Kenntnis des Kirchenvaters Augustinus, spezielle Einblicke in die mittelalterlicher Mystik als solche. Gilt Thomas von Aquin (1225–1274) als der philosophisch durchgebildete richtungweisende Theologe aus dem Dominikanerorden, so wird ihm der Franziskaner Bonaventura, genannt *Doctor seraphicus*, der engelgleiche Lehrer, als dessen „ebenbürtiger Konkurrent“ an die Seite gestellt. Beide sind im selben Jahr 1274 gestorben. Beide stehen an der Spitze der religiösen Denker der Scholastik und des christlichen Mittelalters überhaupt. Die philosophisch führende Rolle wird freilich dem Aquinaten als

Autor der berühmten *Summa theologiae* zuerkannt. In Bonaventura erblickt man das Beispiel einer demütigen Einheit von Theologie und Glaube, von Kontemplation und Nachfolge geprägt. Hervorzuheben ist das Streben des Franziskaner-Theologen, eine Synthese neuplatonisch-areopagitischer Sicht mit „einer Christus-Mystik im Geiste des Franziskus" herzustellen. „Bonaventura verbindet – und das ist seine Innovation – das ganz unphilosophische christliche Ideal der Armut mit dem philosophischen Ideal des theoretischen, kontemplativen Lebens und statuiert ein Bedingungsverhältnis von Armut und Kontemplation."[47]

Erwähnt sei in diesem Zusammenhang, dass Josef Ratzinger (Papst Benedikt XVI.) sich 1957 an der Münchener Universität mit einer Schrift über die „Geschichtstheologie des hl. Bonaventura" habilitierte.

Der Hinweis auf das Bonaventura eigene intellektuelle Charisma darf nicht den Eindruck erwecken, dass der Franziskaner als bloßer theologischer Lehrer, als Theoretiker anzusehen sei. Vielmehr erscheinen bei ihm Theorie und Innerlichkeit zu einer Einheit verbunden. Man spricht daher von einer das menschliche Gefühlsleben einbeziehenden Theologie, einer *Theologia affectiva*. Nach der Einschätzung Romano Guardinis ist das theologische Wissen bei Bonaventura nicht nur denkerisch durchdrungen, „sondern ebenso sehr aus der Erfahrung des Gebetes und der Übung der Tugend hergeleitet". Gegründet sei diese Theologie auf eine Harmonisierung der menschlichen Seelenkräfte, auf Denken, Wollen und Gemüt. Ihren Zweck finde sie – abgesehen von rein

47 Otto Langer: Christliche Mystik im Mittelalter. Darmstadt 2004, S. 273 f.

theoretischen Erwägungen – „in der *cognitio soporativa*[48] und in der Besserung des Lebens“[49], und damit in einer auf die menschliche Ganzheit bezogene Erkenntnis und spirituelle Reife.

Es handelt sich somit um eine „Gotteswissenschaft“ eigener Prägung, die im Geiste des Dionysius Areopagita und seiner *Theologia mystica*[50] *sich in Gestalt eines „überleuchtenden Dunkels“ manifestiert. Damit ist auf die der menschlichen Rationalität letztlich nicht zugängliche Tiefendimension aufmerksam gemacht. Das bedeutet jedoch keinen Erkenntnisverzicht, geht es Bonaventura doch darum, der menschlichen Geisteskraft (mens)* einen inneren, über das Menschenmaß hinausreichenden Weg zu weisen. Dem ungenannten Freund, dem Bonaventura sein Pilgerbuch zu Gott gewidmet hat, schreibt er darin (Kap. 7, 6) ermunternd:

Du aber, Freund, schreite beherzt voran auf dem Weg mystischer Erleuchtungen. Verlasse die Sinne und die Tätigkeiten des Verstandes, das Sichtbare und Unsichtbare, jedes Nichtseiende, und so führe soweit das möglich ist, als Nichtwissender alles zur Einheit dessen zurück, der über jedem Wesen und aller Wissenschaft ist.

Der Autor gibt sodann selbst Antwort auf die Frage, in welcher Geistes- und Gemütsverfassung man vorgehen solle, um des erstreben Gutes teilhaftig zu werden – eine

48 Von lat.: sopor = der Schlaf.

49 Romano Guardini: Die Lehre des hl. Bonaventura von der Erlösung. Düsseldorf 1921, zit., in: Bonaventura: Itinerarium mentis in Deum, hrsg. von Julian Kaup, S. 16.

50 Dionysius Areopagita, ausgewählt und erläutert von Gerhard Wehr. Wiesbaden 2013.

Erläuterung übrigens, die die spirituelle, vom Geist des Franziskus erfüllte Wesensart des Bonaventura in beispielgebender Weise anschaulich macht und zugleich vertraut werden lässt:

Willst du aber wissen, wie das geschieht, dann frage die Gnade, nicht die Wissenschaft; die Sehnsucht, nicht den Verstand; das Seufzen des Gebets, nicht das forschende Lesen; den Bräutigam, nicht den Lehrer; Gott, nicht den Menschen; die Dunkelheit, nicht die Helle; nicht das Licht, sondern jenes Feuer, das ganz und gar entflammt und durch mystische Salbung und brennendste Liebe in Gott umgestaltet. Dieses Feuer ist Gott, und sein Herd ist in Jerusalem. Christus aber hat es entzündet mit der Glut seines bittersten Leidens.

Auf diesen Ton einer anrührenden, einer liebenden Verehrung seines geistlichen Vaters ist sodann auch Bonaventuras Schilderung des Franziskuslebens (*legenda maior*) gestimmt. Ihm ist es nicht darum zu tun, allein die relativ wenigen äußeren biografischen Fakten, wie er sie etwa von älteren Brüdern erfahren konnte, zu sichern. Vielmehr liegt ihm daran, seiner eigenen inneren Zuneigung Ausdruck zu verleihen. Er selbst, der Berichterstatter, bekennt sich als der begeisterte Verehrer seines geistlichen Vorbildes. Da heißt es etwa:

Wer vermochte die glühende Liebe zu schildern, die den heiligen Franz, den Freund des Bräutigams [d.i. Christus], erfüllte? Wie eine glühende Kohle schien er von der Flamme der göttlichen Liebe ganz verzehrt zu werden. Wenn er auch nur die Worte „Liebe des Herrn" hörte, wurde er ganz ergriffen und entflammt, wie wenn durch die Be-

rührung des Wortes die Saiten des Herzens angeschlagen würden. Solche Gegengabe für Almosen anzubieten war nach seinem Wort edle Freigebigkeit, und Leute, die diese Gabe geringer als Geld achteten, hielt er für ausgesprochen töricht. Denn der unermessliche Schatz der Liebe Gottes genügt, um das Himmelreich zu erlangen, und wir müssen die Liebe dessen, der uns so sehr geliebt hat, unsererseits sehr lieben. Ihn konnte alles zur Liebe anspornen. An allen Werken des Herrn hatte er innige Freude; und alles Schöne, das sich dem Auge darbot, führte ihn zur lebenspendenden Quelle der Güte.

Im Schönen schaute er den Schönen. Und auf den Spuren, die Gott den Dingen eingeprägt hat, suchte er den Geliebten. So wurden ihm die Dinge zu Sprossen einer Leiter, an der er emporstieg, um zu dem zu gelangen, der das unendliche Ziel der Sehnsucht ist.

In einer liebenden Gottseligkeit, wie man sie bis dahin nicht kannte, erspürte er in allen Geschöpfen, gleichsam wie in vielen kleinen Bächen, die Urquelle des Guten.

Die Kräfte und Wirkweisen, die Gott seinen Geschöpfen schenkte, wurden für ihn zu einer himmlischen Melodie, in die er wie ein zweiter David[51] *in den Lobpreis Gottes einstimmte.*

(LM IX, 1–9)

Wie nah sich Bonaventura an Franziskus anschloss, zeigt ein weiteres Dokument, nämlich sein bereits angeführtes *Pilgerbuch der Seele zu Gott – Itinerarium mentis in Deum*[52] (1259). Es steht an der Spitze der meditati-

---

51 Dem König David werden mehrere Psalmen zugeschrieben.

52 Die Zitate erfolgen, sofern nicht anders angegeben, anhand des lateinischen Originals überarbeitet, aus: Bonaventura: Itinerarium mentis in Deum. Lateinisch und Deutsch. Hrsg. von Julian Kaup. München o.J.

ven Schulungsbücher, die den Weg nach innen, den Weg zur Gottesbegegnung aufzeigen und ihn weisen wollen. Sein Hinweis geschieht in der Einsicht, dass weder eine ausgefeilte, auf sichtbare Erfolge zielende, asketische Psychotechnik noch eine intensive, bloß menschliche Bemühung ausreichen, das ersehnte Ziel zu erreichen. Das unterstreicht Bonaventuras ausdrückliche Berufung auf die letztlich entscheidende Gnade Gottes. Riefen die Dichter der klassischen Antike am Eingang ihrer Werke als Anwältin ihres Schaffens die inspirierende Muse an, so gilt Bonaventuras Anruf dem *göttlichen Urgrund* (*primum principium*), mit dem und durch den alles seinen Anfang genommen hat, so auch diese seine zum inneren Weg einladende Schrift. Geoffenbart wurde sie ihm anlässlich seiner kontemplativen Einkehr auf dem denkwürdigen *Alverna*-Berg. Damit wird der Eindruck erweckt, dass Franziskus als *dux et pater* (Führer und Vater) seiner Brüder zustimmend an seiner Seite stehe, der ihn in seinem Tun ermutige und bestätige.

Wenn dieses *Itinerarium* zu den inspirierenden meditativen Begleitbüchern gerechnet wird, dann heißt das – um es nochmals zu betonen – nicht etwa, es sei in die Hand des Menschen gegeben, den Weg zu Gott eigenmächtig zu beschreiten. Diesem Missverständnis widerspricht der Autor bereits in den ersten Sätzen seiner Vorrede mit dem Hinweis auf den Brief des Jakobus, Kapitel 1,17: „Alle gute Gabe und alle vollkommene Gabe kommt von oben herab, von dem Vater der Lichter [*descendens a patre luminum*]…“ Das heißt: Wohl ist mit aller Entschiedenheit der Entschluss zu fassen, den inneren Weg zu gehen und den hierfür erforderlichen Exerzitien Folge zu leisten. Doch die Voraussetzung ist stets die von Gott herabkommende Gabe. Deshalb beginnt Bonaventura sein Vorwort:

Zu Anfang rufe ich den Urgrund an, von dem alle Erleuchtungen als vom „Vater der Lichter“ herabsteigen und von dem jede gute Gabe und jedes vollkommene Geschenk stammt, den ewigen Vater, durch seinen Sohn, unseren Herrn Jesus Christus.

Eingedenk der Erscheinung des gekreuzigten Christus in der Sechs-Flügel-Gestalt des Serafs, wie sie Franziskus auf dem Alverna-Berg geschaut hat und wie er von ihr bis in die Wundmale an seinem Körper ergriffen und durchdrungen worden ist, unterstellt Bonaventura sein geistliches Pilgerbuch eben dieser Ordnung, nach der er in seinem Prolog die Christus-Schau deutet:

Unter den sechs Flügeln kann man nämlich sehr wohl sechs Erleuchtungsgrade verstehen, durch welche die Seele gleichsam wie auf Stufen oder Wegen befähigt wird, durch die ekstatischen Entrückungen christlicher Weisheit zum Frieden zu gelangen. Dahin aber führt nur die glühendste Liebe zum Gekreuzigten, die den bis zum dritten Himmel entrückten Paulus so sehr in Christus umgestaltete.

Fraglos denkt Bonaventura hierbei wiederum an keinen anderen als an seinen geistlichen Vater und dessen glühende, in der Hingabe an den Gekreuzigten gipfelnde Gottesliebe, die ihrerseits in der Freundschaft mit allem Geschaffenen ihren Anfang nimmt:

Das Bild der sechs Flügel des Serafs deutet also auf sechs stufenweise aufeinander folgende Erleuchtungen hin. Sie nehmen bei den Geschöpfen ihren Anfang und führen bis zu Gott, zu dem man in rechter Weise nur durch den Gekreuzigten gelangt.

Da kommt dem Autor als alttestamentliche Beispielgestalt auch *Daniel* in den Sinn, den er als einen „Mann der Sehnsucht“ (*vir desideriorum*) bezeichnet.

Denn der göttlichen Schauungen, die zu geistigen Entrückungen [contemplationes divinas] führen, ist nur der einigermaßen fähig, der wie Daniel ein Mann der Sehnsucht ist […] Deshalb fordere ich gleich zu Beginn den Leser zu inbrünstigem Gebet auf durch Christus, den Gekreuzigten […] Er glaube nicht etwa, Lesung ohne Salbung [d.h. ohne Geistoffenheit], Betrachtung ohne Andacht, Forschen ohne Bewunderung, umsichtiges Erwägen ohne Jubel, Fleiß ohne Frömmigkeit, Wissen ohne Liebe, Einsicht ohne Demut, Studium ohne göttliche Gnade, ein Seelenspiegel ohne gottverliehene Weisheit, seien ihm zu etwas nütze!

Otto Langer fügt dem erläuternd hinzu: „In formaler Hinsicht gleicht das *Itinerarium* zwar dem bei Plotin und auch bei christlichen Neuplatonikern begegnenden Aufstiegsweg. Aber der franziskanischen Demut verpflichtet, beginnt Bonaventura wie Franz bei den Spuren Gottes in der Schöpfung (*speculatio extra nos*) und führt über die *speculatio intra nos*, die Betrachtung Gottes in der *imago* [d.i. Gottes Ebenbild], zur ekstatischen Erfahrung Gottes im Dunkel jenseits des Intellekts und jenseits der Sagbarkeit […] Er vermag also nicht aus eigener Kraft den Weg zu gehen, sondern ist auf die göttliche Gnade angewiesen.“[53]

So ist dem gelehrten Ordensgeneral der Franziskaner zu bescheinigen, er habe „die Herzensfrömmigkeit sei-

53 Otto Langer: Christliche Mystik im Mittelalter, a.a.O., S. 287.

nes Ordensvaters mit der Theologie Augustins und des Areopagiten vereint und so eine mystische Theologie geschaffen, die mit der Innigkeit der religiösen Erfahrung die Kraft und Klarheit intellektueller Spekulation“[54] verbindet.

54 Friedrich Heiler: Der Katholizismus. München 1970, S. 485.

Franziskus und seine Wirkung

Fragt man nach der Wirkung eines Menschen von der durch große Bescheidenheit und Demut geprägten Statur eines Franz von Assisi, dann fehlen auf den ersten Blick bei ihm imposante, zugleich aufweisbare Lebensleistungen, wie sie etwa von einem erfolgreichen Handwerker, Künstler, Wissenschaftler, von einem Autor oder dergleichen schöpferischen Menschen zu erwarten wären. Und doch ragt der Arme von Assisi aus dem Kreis der vielen bedeutenden Gestalten der Kirchengeschichte in markanter Weise heraus, nämlich durch seine überzeugende menschliche Erscheinung. Das heißt immer auch durch sein selbstloses und hingebungsbereites *Dasein für andere.*

Die erste Wirkung ging von der Weise aus, in der er sich zusammen mit seinen Brüdern der hilfsbedürftigen, der ausgestoßenen Menschen annahm, wie er sich mit ihnen in ihrer durch den Mangel gezeichneten äußeren Erscheinung gemein machte. So kann es nicht verwundern, dass er nachhaltigen Eindruck erweckte, wo er sich wohltätig, auch predigend an die Menschen wandte. Das erklärt einerseits die durch ihn entfachte Bewegung der entschiedenen Christusnachfolge, die in Umbrien, dann in den angrenzenden Regionen um sich griff. Mit einem Wort: Franz von Assisi erwies sich in seinem Leben und Tun als glaubwürdig. Andererseits faszinierte er auch Menschen, die als neutrale Beobachter auf die *Armen von Assisi* und ihren *Poverello* erstaunt blickten. Bemerkenswerterweise beschränkte sich seine Anhängerschaft nicht auf eine bestimmte gesellschaftliche Schicht. Zu ihm fanden durchaus unterschiedliche Gestalten, Arme wie Reiche, Angesehene und Menschen, die in der Öffentlichkeit wenig Beachtung gefunden haben; auch Gebildete fehlten nicht.

Dem hat Friedrich Heer in seiner *Europäischen Geistesgeschichte* einen weiteren Aspekt der Einflussnahme und umgestaltender Wirkungen hinzugefügt: „In den ersten Jahrzehnten des 13. Jahrhunderts winkt der Bewegung des Franziskus ein einzigartiger Sieg: der erstmalige Durchbruch der Herrschaftsordnung der alten Welt von unten her, Aufstieg tiefster Kräfte aus Seele und Gemüt des Volkes ins Christliche [...] Hunger, Armut, Ausbeutung sind die politische und lebensmäßige Realität des italienischen Volkslebens im Mittelalter; diese Grundgegebenheiten werden nun religiös begriffen in der franziskanischen Armuts- und Demutsbewegung: Der Fluch soll in Segen verwandelt werden, der schreckliche byzantinische Pantokrator und deutsche Gottkönig[55] – vertreten durch die fremden Bischöfe – wird zum König der Gnade, zum Erlöser der Armen."[56]

Und diese Wirkung hat bis heute an Strahlkraft kaum eingebüßt. Realistischerweise wird man einräumen müssen, dass es immer wieder die legendären *Fioretti* waren,

55 Gemeint ist eine Religiosität, durch die die Verbindung mit der Macht in der Kirche oft verhängnisvolle Züge angenommen hat.

56 Friedrich Heer: Europäische Geistesgeschichte. Stuttgart 1953, S. 137 f.

die das traditionelle, im Raum von Kirche und Gesellschaft heimisch gewordene Heiligenbild des Franziskus geformt haben, während der historische Franz eine sehr viel nüchternere Einschätzung seines ethischen Rigorismus hervorrufen dürfte. Der protestantische Kirchenhistoriker Ernst Benz, der unter anderem der Geschichte religiöser Geisteswirkungen, so auch der *Ecclesia spiritualis*[57], nachgegangen ist, kommt zu dem Ergebnis: „Nicht der Franz, wie er wirklich war, sondern der gedeutete Franz, der Franz der Legenden, der Heilige, der neue Mose, der neue Messias, der Engel mit dem Zeichen des lebendigen Gottes, der Prophet, der Gottgesandte, der Morgenstern, die Sonne – dieser Franz lebte in dem religiösen Bewusstsein, in dem religiösen Bilddenken, in der religiösen Fantasie seiner Zeitgenossen und Nachfahren, und dieser Franz wurde zum *Bild des neuen Menschen des neuen Saeculum* erhoben.“[58]

Die nachhaltigste Wirkung, die dem Franziskus zuzusprechen ist, hat gewiss durch den nach ihm benannten Orden, in seinem männlichen wie in seinem weiblichen Zweig, vielfältigen Ausdruck gefunden. Besonderen Hinweis verdient in diesem Zusammenhang die Umsetzung franziskanischer Lebensweise durch die *Tertiarier*, das heißt durch die Frauen und Männer des *Dritten Ordens*, die in Erfüllung ihrer Pflichten in Beruf und Ehe die Christusnachfolge vollziehen.

Und so groß auch die im Laufe seiner nunmehr nahezu neunhundertjährigen Geschichte aufgetretenen internen Spannungen waren, als so lebenskräftig hat sich diese weltweit verbreitete Ordensgemeinschaft der Franziskaner

---

57 Vgl. Literaturhinweise.
58 Ernst Benz: Ecclesia spiritualis. Stuttgart 1934; Darmstadt 1964, S. 57.

erwiesen, und zwar bis zu den Beiträgen, die ihre wissenschaftlich gebildeten Mitglieder in Philosophie und Theologie geleistet haben.

Wenngleich Franziskus keine ausgesprochen als mystisch zu bezeichnende Schriften hinterlassen hat, so hat er dennoch der franziskanischen Mystik den Boden bereitet. Das geschah durch die elementare, dem Evangelium nahe Gestalt der *Regel*, durch sein *Testament*, durch Worte sogenannter *Ermahnungen*, durch Gebete und den immer wieder gerühmten *Sonnengesang*. Aus der Sicht der Forschung zur Mystik des Mittelalters charakterisiert Kurt Ruh den Beitrag des Franziskus in der Art einer anrührenden Urbildlichkeit, einer Archetypik, die auch zu Vergleichen mit anderen spirituell prägenden Gestalten einlädt, beispielweise in den Biografien von als *heilig* geltenden Männern und Frauen, an denen die Christenheit in West und Ost so reich ist. Der Historiker Kurt Ruh kommt zu dem Schluss: „Wenn trotzdem von ihm eine breite mystische Tradition ausgegangen ist, so war dies die Wirkung seines Lebens. Es fand seinen Niederschlag in einer Hagiografie, die, wenn ich recht sehe, in der Geschichte dieser Gattung eine bedeutsame Wendung darstellt. Diese ist charakterisiert: 1. durch die Ausrichtung des Lebens auf einen übergeordneten Sinn: als *vita mystica,* als *imitatio,* als *conformitas Christi,* 2. durch starkes Hervortreten und spezifische Tönung des Seelischen. Die Legende wird zu einer der wichtigsten Quellen der Seelengeschichte. Das steht in einem weiten Zusammenhang, den ich nur andeuten kann: in jenem *Aufschwung der menschlichen Seele,* den wir im ganzen Abendland verfolgen können und der in den Skulpturen der gotischen Kathedralen, in den Hohelied-Predigten Bernhards von Clairvaux, in Abaelards, seines Gegenspielers, Briefwechsel mit Heloise, im höfischen Roman seit Chretien de Troyes, in der lyrischen Kunst der Troubadours und der Minnesänger bewahrt blieb. Und nun wird auch wieder manifest, was seit Augustin im Schrein des Herzens: die persönlich bedingte und formulierte *confessio.*"[59]

Verallgemeinert kann man sagen: „Kein anderer Heiliger des Mittelalters ist für die bildende Kunst so wichtig geworden wie Franziskus. Unmittelbar nach seiner Kanonisierung 1228 setzen die bildlichen Darstellungen ein [...] Auch in Deutschland wird Franziskus schon bald nach seinem Tod bildlich dargestellt, namentlich in Glas (Erfurt, Franziskanerkirche) und der Buchmalerei."[60] Aus all dem spricht, wie nachhaltig der Gestaltungswille in den franziskanisch beeinflussten Menschen zur Geltung gekommen ist.

So könnte man, um nochmals anzusetzen, das weite, das schwerlich überschaubare Feld der Einflussnahme des Franz von Assisi abzuschreiten versuchen. Denn „mehr als bei anderen Heiligen des Mittelalters ist sein Leben Thema der bildenden Kunst geworden. Einen ersten künstlerischen Höhepunkt bezeichnet Giottos Freskenzyklus über das Leben des Heiligen in der Cappella Bardi von Santa Croce in Florenz aus dem frühen 14. Jahrhundert. Auch heute noch beschäftigen sich zahlreichen Künstler mit dem Leben des Franziskus."[61] Er selbst benutzte – gleichsam als eigenes Merkmal – das Tau-Zeichen (T) als Segenszeichen. Mit diesem T schloss er seine Briefe, und die Empfänger wussten, dass ihr geistlicher Vater damit seinen Segen mit-

59 Kurt Ruh Franziskanische Mystik, in: Kurt Ruh (Hrsg.): Altdeutsche und altniederländische Mystik. Darmstadt 1964, S. 352.
60 Werner Goez, in: Theologische Realenzyklopädie Band 11, S. 306 f.
61 Veit-Jakobus Dieterich: Franz von Assisi. Reinbek 1995, S. 128 f.

teilt. Insofern wird deutlich, weshalb in franziskanischen Kreisen dieses Tau Verwendung findet, Ausdruck der Segnung im Geist von Franz von Assisi.

Was für die darstellende Kunst gilt, trifft in ähnlicher Weise auf die Literatur sowie auf die Dichtung zu. Mit Recht wird gesagt, der Poverello habe nicht aufgehört, die Menschen zu beschäftigen. Er habe nicht wenige Schriftsteller bei ihrem Schaffen „wie ein Magnet" angezogen. So verstand es sich, dass kein Geringerer als sein einige Jahrzehnte jüngerer Landsmann Dante Alighieri (1265–1321) einige biografische Aspekte in seine *Göttliche Komödie* aufnahm. Im krönenden Schlussteil dieser Dichtung[62] spielt Dante auf jenen für Franz' Lebensgang so bedeutsamen Ort, den Monte Alverna an, an dem er die Wundmale Christi empfangen hat:

Da – zwischen Arno und Tiber, auf dem rauen
Felsgrunde – ward ihm Christi letzt Gepräge,
Das an den Gliedern war zwei Jahr' zu schauen.

Als er, der dies zu seiner Gunst Belege
Ihm gab, empor ihn zog, dort zu erwerben
Den Lohn, gewonnen auf der Demut Wege,

Empfahl er noch als seinen rechten Erben
Den Brüdern sein geliebtes Weib, es wert
Zu halten, treu in Liebe bis zum Sterben.[63]

---

62 Dante Alighieri: Die Göttliche Komödie. In der Übersetzung von Karl Bartsch. Mit Illustrationen von Sandro Botticelli, Wiesbaden ^{2}2011, S. 359.

63 Gemeint ist die testamentarische Verpflichtung, die Minderen Brüder mögen der Armut in der Gestalt der Donna Povertà treu sein.

Um einige weitere Namen von faszinierten Autoren aus neuerer Zeit zu nennen: Da ist der Grieche Nikos Kazantzakis, der Verfasser des *Alexis Sorbas*. Er und Julien Green verfassten je ein Alterswerk in Gestalt von „emotional engagierten Romanbiografien über das Leben des Heiligen. Eine ganz besondere Vorliebe für Franziskus hatte Hermann Hesse. Kurz nach der Jahrhundertwende veröffentlichte er eine biografische Studie über Franziskus. Im Roman *Peter Camenzind* legte er seine eigene Vorliebe für den Heiligen dem Helden in den Mund: „Ich ging die Straßen des heiligen Franz und fühlte ihn in manchen Stunden neben mir wandern, das Gemüt voll unergründlicher Liebe, jeden Vogel und jede Quelle und jeden Hagrosenstrauch mit Dankbarkeit und Freude begrüßend. Ich pflückte und verzehrte Limonen an sonnig glänzenden Hängen […], sang und dichtete in mich hinein und feierte die Ostern in Assisi in der Kirche meines Heiligen…“[64]

Da suchen späte Nachgeborene, franziskanische Gesinnung und Lebensdeutung mit ihrem eigenen Erleben zu verbinden. Über die Jahrhunderte hinweg versuchen sie, wagen sie einen Sprung. Sie meinen gewiss zu sein, ihn, den „Bruder Feuer“, auf heutige Weise gewahr zu werden. Das versucht auch Luise Rinser in ihrer gleichnamigen Erzählung, indem sie einen findigen Journalisten ins heutige Assisi schickt, damit er die Menschen von heute nach ihm befrage. Sie möchte ermitteln, wie der Feuergeist des Poverello als ein Unangepasster, als ein unbequemer Außenseiter an den Orten seines unruhigen Lebens unsere Zeitgenossen aufzurütteln vermag. Keine Frage, der Arme von Assisi ist noch unterwegs! Man begegnet ihm, auch wenn die von der Allgemeinheit eher gemiedenen Nachfahren seiner Armut

64 V.-J. Dieterich: Franz von Assisi, a.a.O. S. 129 f.

und Bedürftigkeit nicht gerade aufgebrochen sind, um dem urbildhaften Poverello von Nazaret gläubig nachzufolgen. Und was die Wirkung oder Nachwirkung anlangt, so hat das 1978 erschienene Taschenbuch der Autorin binnen weniger Jahre die Auflage von mehr als 100.000 Exemplaren erreicht – auch ein Zeichen großer Faszination.[65]

Von der geistig-religiösen Strahlkraft sprechen, die vom Franziskus ausging, heißt somit, nicht allein auf einzelne Momente blicken, die sich in seiner Biografie oder auch in den deutenden Dichtungen seiner begeisterten Anhängerschaft aufzeigen lassen. Franz von Assisi ist zu einer Jahrhundertgestalt mit einer durchaus epochalen Bedeutung geworden, und zwar gewiss entgegen seiner eigenen bescheidenen Selbsteinschätzung. Diese Bedeutung weist weit über das hinaus, was sich als seine historischen Lebensdaten erheben lässt.

Blickt man von hier aus nochmals auf die Zeit, in der Franziskus seinen Weg der Nachfolge Christi angetreten hat, dann wird deutlich, wie sich sein Leben und Wirken zunächst mit der Geistesart seiner Epoche an der Wende vom 12. zum 13. Jahrhundert Einfluss nehmend verbunden hat und wie er seitdem für viele impulsgebend fruchtbar werden konnte.[66] Empfunden wurde er von vielen als „eine Erscheinung, vor der die Zeitgenossen sprachlos dastanden. Die überschwänglichen Urteile sind ein Beweis, wie sie ihn nicht restlos in sich aufzunehmen vermochten, ‚leuchtend wie das Frührot und wie der Morgenstern, ja

---

65 Dazu Rinsers Biograf, der spanische Theologe und Philosophieprofessor José Sanchez de Murillo: Luise Rinser. Ein Leben in Widersprüchen Frankfurt 2011, S. 344 f.

66 Im angeführten Zusammenhang kommt Kurt Ruh auf eine Reihe von Vergleichspunkten mit der deutschen dominikanischen Mystik, u.a. mit Heinrich Seuse, zu sprechen.

wie die aufgehende Sonne‘ […] Er war eine einzigartige Verleiblichung der irrationalen Botschaft des Evangeliums. Seine Brüder deuteten seine Erscheinung als den *Anbruch einer Weltzeit der Freude* und entrückten ihn immer mehr der menschlichen Sphäre, indem sie ihm beinahe die Rolle eines neuen Messias zuschoben. In elfter Stunde hat ihn Gott der Christenheit gesandt, die ‚Fioretti‘ steigerten ihn bis zum ‚anderen Christus‘ hinauf.“[67]

So gehört es ferner zum Wirkungsradius des Poverello, dass er ein Signal von großer Reichweite gesetzt hat. *Franz von Assisi* gleicht einer Rune, die in jeder Zeit zu neuer Entschlüsselung auffordert. Gewiss war er nicht „der letzte Christ“, wie man ihn gelegentlich genannt hat. Doch im Gespräch und in der heutigen Begegnung der Religionen ist seine Präsenz, eben die Anwesenheit eines Christen mit seiner unnachahmlichen Prägekraft, als Christuszeuge, unverzichtbar.

Unmissverständlich hat er seinen Glauben gelebt – als ein Mann des Friedens, als der Liebhaber alles Geschaffenen, schließlich als einer, der rückhaltlos sich für die Hilfsbedürftigen und Ausgegrenzten einsetzt. Deshalb ist Franz von Assisi zugleich Repräsentant einer *Ökumene des Geistes*, die durch keine Religions- oder Konfessionsgrenze eingeengt ist.

67 Walter Nigg: Das Geheimnis der Mönche. Zürich 1990, S. 274 f.

Die Franziskaner

Wie berichtet, war es zeitlebens weder Francescos Absicht, in einen der bestehenden Mönchsorden, etwa der Benediktiner oder der Zisterzienser, einzutreten, noch einen solchen in Klöstern oder ähnlichen Gemeinschaftshäusern beheimateten Orden zu gründen. Ihm schwebte im Blick auf die Erfüllung der Weisungen Jesu anderes vor. Denn von Sankt Benedikt von Nursia (gestorben 547 auf dem Monte Cassino), dem Begründer der abendländischen Mönchsorden, war die normsetzende Zuordnung zu einem bestimmten Kloster bekannt, die bis heute praktizierte *stabilitas loci.* So weiß jeder Angehörige dieser Gemeinschaft, auch ein sogenannter Missionsbenediktiner, der in die Ferne entsandt worden ist, in welchem Konvent er sein Zuhause hat oder welches Kloster er als seine irdische Heimat bezeichnen kann. Franz von Assisi, der das Unterwegssein in der Nachfolge Christi meinte, ersetzte das benediktinische Anwesendsein durch die Mobilität (*mobilitas*), analog zu der Lebens- und Arbeitsweise der missionarisch tätigen Jünger Jesu. Sein Zuhause ist diese Erde, diese Schöpfung samt allem, was Odem hat.

Es war die Empfindung von der geistig-konkreten Nähe und das Beispiel des als Wanderprediger tätigen Jesus von Nazaret, das ihn zum Gleichförmigwerden mit ihm (*con-*

formitas) anspornte. Ein anderes Vorbild gab es für ihn nicht. Nicht viel anders erging es den geistlichen Söhnen des Dominikus, den Predigerbrüdern oder Dominikanern (*Ordo praedicatorum, OP*), die in der Auseinandersetzung mit den „Häretikern“ zunächst auf einen evangeliumsgemäßen Lebensstil, gepaart mit intellektueller Auseinandersetzung mit dem Glauben und Predigt, setzten, bald aber vielfach Werkzeuge der Inquisition wurden. „Alle diese Gründungen, auch die des Franz von Assisi, stehen unter streng-kirchlichem Vorzeichen, der Dominikanerorden wird sogar zur Speerspitze der Kirche.“[68]

Und wenn Jesus von sich gesagt hatte: „Die Füchse haben Gruben und die Vögel unter dem Himmel haben Nester, aber des Menschen Sohn hat nicht, wo er sein Haupt hinlege“ (Mt 8,20), dann war dies dem Poverello Vorbild und Empfehlung genug, eben dieses schutzlose Unbehaustsein zusammen mit seinen Gefährten als die dem Evangelium gemäße Lebensweise selbst zu praktizieren. Fraglich war lediglich, mit welcher Strenge diese Übung in veränderter Zeitlage umzusetzen sei.

Mit der Genehmigung der geistlichen Lebensform in Armut durch Papst Innozenz III. war die Voraussetzung für die eigentliche Gründung des Ordens der Minderen Brüder (*Ordo Fratrum Minorum – OFM*) gegeben. Daran schloss sich der Frauenorden, die eigenständige Gemeinschaft der Klarissinnen an. Schließlich trat der Dritte Orden der *Tertiaren* hinzu. Es sind Männer wie Frauen, die in der eigenen Familie und im weltlichen Beruf stehend die franziskanische Geistigkeit und das daraus erwachsene Ethos zu leben versuchen, das sie durch Franziskus vorgelebt sahen. Das entspricht letztlich ebenfalls dem Wort

68 Kurt Aland: Geschichte der Christenheit. Gütersloh 1980, Band I, S. 318 f.

Jesu aus dem Matthäusevangelium: „Gehet hin in alle Welt …" Mit anderen Worten: Mission bleibt nicht auf die Angehörigen geistlicher Berufe und Funktionen beschränkt. Sie erstreckt sich auf alle Lebensbereiche. Ordensinterne Reformbestrebungen ließen es im Lauf der Jahrhunderte zu weiteren Zweigen der Franziskaner kommen, beispielsweise zu jenem der *Kapuziner* (*Ordo Fratrum Minorum Capucinorum – OFMCap*).

Unabhängig von Stand, Herkunft und Bildung fanden sich von Generation zu Generation Menschen zusammen, die entschlossen sind, gemäß den Worten des Evangeliums, das heißt speziell ausgehend von der stets sehr ernst genommenen Aussendungsreden Jesu, in seine Nachfolge einzutreten. Weil Franz die priesterliche Weihe als Voraussetzung für die Feier der Eucharistie wertschätzte, das priesterliche Amt daher hochachtete und sich willig den kirchlichen Normen unterwarf, befürwortete er selbst die nach und nach sich ereignende Klerikalisierung des jungen Ordens. So übernahmen die Franziskaner, ähnlich wie die Brüder im etwa gleichzeitig entstandenen Predigerorden der Dominikaner, einen Teil der volksmissionarischen Predigt und der Laien-, wie der Nonnenseelsorge (*cura monialium*). Hinzu trat die Lehrtätigkeit an den Hochschulen, sodass eines Tages von der geistig eigengeprägten, in verschiedenen Flügeln oder Sektionen sich darstellende Franziskaner-Schule gesprochen werden konnte.

Wachstum und Ausbreitung der Franziskanermönche vollzogen sich jedoch nicht ohne zum Teil recht erhebliche innerhalb des Ordens ausgetragene Spannungen und die Belastung durch grundsätzliche Probleme. Einerseits bestand das strikte Gebot, die apostolische Armut zu leben, sowie auf Erwerb und Besitz von Geld zu verzichten. Schon die Verwaltung von Gütern oder Häusern, wenn auch in geringem Ausmaß, brachte die ersten Minderbrüder bei der Erfüllung des Willens ihres Stifters in Verlegenheit. Andererseits handelte es sich um die Zeit des Übergangs von der Tausch- und Naturalwirtschaft in die Geldwirtschaft. Dem musste in einer vertretbaren Weise Rechnung getragen werden, und zwar mit gewissen Einschränkungen, die die Regel zumindest richtungweisend vorgibt.

„Um das Geld- und Vorratsverbot einzuhalten, mussten die Brüder, falls ihnen für die Handarbeit von Tag zu Tag nicht das Nötige gegeben wurde, betteln. Je mehr der Orden sesshaft wurde und Studienhäuser und Seelsorgezentren meist mitten in den Städten unterhielt, desto mehr bildete sich ein Rollenschema heraus: hier die im Konvent studierenden Kleriker, beziehungsweise die in der Seelsorge tätigen Priester, dort die im Umland der Klöster bettelnden oder im Haus arbeitenden Laienbrüder [...] Die Almosen, welche die Brüder sammelten, sah man als Entgelt an für die geistlichen Dienste, welche die Priester in den Stadtklöstern oder bei ihren Missionen im Umland verrichteten. Das Wanderapostolat, in der Form des Almosensammelns wie in der Form der Volksmission, ist ein nahezu die ganze Geschichte durchziehendes Merkmal der Franziskaner. Das Mönchsideal führte die Brüder nicht nur in die Städte der westlichen Christenheit, sondern auch nach Asien und Übersee."[69]

Ein Indiz für die nachhaltige missionarische Wirkung und rasche Ausbreitung der verwirklichten franziskanischen Lebensform ist die Tatsache, dass der Orden bereits mindestens fünftausend Mitglieder zählte, als Franziskus am Abend des 3. Oktobers 1226, erst 44 Jahre alt, verstarb.

69 Leonhard Lehmann, in: Peter Dinzelbacher (Hrsg.): Kulturgeschichte der christlichen Orden. Stuttgart 1997, S. 144 f.

Das weist auf eine erstaunliche Erfolgsgeschichte hin! Ähnlich wie die Dominikaner war auch der Bettelorden der Franziskaner in mehreren Ländern Europas, später in aller Welt, verbreitet. Auch dies war naturgemäß mit nicht geringen Schwierigkeiten verbunden, weil die Brüder erst mit Mühe die jeweilige Landessprache erlernen und einen Modus der Inkulturation, das heißt einer möglichst weitgehenden Angleichung an die Lebensbedingungen der Menschen, finden mussten, auf die sie trafen. Im Grunde handelt es sich dabei um die Übernahme der Bürden, wie sie jede Missionstätigkeit von ihren Initiatoren verlangt.

Als eine durch die gesellschaftlichen und wirtschaftlichen Gegebenheiten mitbestimmte religiöse Kongregation des Mittelalters lässt sich der Orden der Franziskaner als eine religiöse Reaktion auf die bedrohliche soziale Kluft zwischen Armen und Reichen ansehen. Angesichts der sozialen Entwurzelung vieler Menschen, vor allem der neuen Armut der schutzlosen Gelegenheits- und Wanderarbeiter, und des neuen Reichtums der von der Geldwirtschaft profitierenden städtischen Bürger finden Franziskus und seine Brüder im Wanderradikalismus Jesu und seiner Jünger die religiöse Antwort auf das beunruhigende Problem sozialer Spannung. Denn wenn Menschen ihren Reichtum und ihre gesicherte Position aufgeben und sich mit den sozial Entwurzelten identifizieren, wird erneut christliche Existenz als gemeinsame Nachfolge Jesu gelebt.

Drückt das *Vaterunser* in seiner zweiten Bitte das Kommen des *Reiches Gottes* aus, um das es Jesus und seiner weltweiten Gefolgschaft über die Jahrhunderte hinweg letztlich geht, so erblicken die Franziskanerbrüder eben darin die einzigartige Möglichkeit, als Gottes Mitarbeiter ihrerseits Hand anzulegen und im Rahmen der kirchlichen Ordnung ihr Charisma der *Demut* auszuleben, das heißt

– zumindest sprachgeschichtlich und wörtlich: sich der Dienstbereitschaft und des Mutes zum selbstlosen Dienen zu widmen, etwa nach einem Leitwort, das der lutherische Theologe Wilhelm Löhe, eine Gründerpersönlichkeit der Diakonie im 19. Jahrhundert in Neuendettelsau /Franken, geprägt hat: „Mein Lohn ist, dass ich dienen darf." Darin findet – die Konfessionsgrenzen überschreitend – eine franziskanisch zu nennende Gesinnung ihren ebenbürtigen Ausdruck. Und Franz wusste von eben diesem mit Freude verbundenen *Dienemut*. Abgeleitet ist es wiederum von dem Psalmwort (Ps 100,2): „Dienet dem Herrn mit Freuden!"

Dass geistliche Gemeinschaften wie Mönchs- und Nonnenorden, und zwar gleich welcher Konfession, nicht sich selbst leben wollen, sondern sich als Glieder der christlichen Kirche verstehen, begründet ihre Existenz, auch und gerade dann, wenn sie wie die mittelalterlichen Bettelorden zugleich ein unverkennbares revolutionär-reformatorisches Element zur Geltung bringen. Das ist immer dann angezeigt, wenn Verweltlichung und geistliche Selbstentfremdung in der Kirche um sich gegriffen haben. Menschen, die sich in der angegebenen Weise dienend zur Verfügung stellen, verdienen andererseits den Schutz und die Förderung der Kirche und ihrer Leitung. Darauf hatte es Franziskus jedoch keinesfalls abgesehen. Im Gegenteil, in seinem Testament lehnt er so etwas wie den Empfang von „Schutzbriefen" für seine Bruderschaft kategorisch ab. Dennoch konnten die Minderen Brüder in der Regel mit der päpstlichen Unterstützung rechnen.

Privilegien sollten den Gefährten des Franziskus und deren Nachfolgern versagt sein. Aber dabei konnte man ebenfalls nicht stehen bleiben. Immerhin trug Papst Gregor IX. dazu bei, dass die im Testament verbriefte ursprüngliche Strenge gemildert wurde. Er dekretierte die „juridische Unverbindlichkeit des Testamentum des Franziskus“. Die weitere Ordensentwicklung einschließlich der Lebens- und Arbeitsbedingungen der Brüder war jedoch so zu gestalten, dass der ursprüngliche Ansatz des Franziskus und dessen spätere Ausformung einander die Waage hielten. Dazu kam der päpstliche Schutz der Unternehmungen. Zu einer Predigttätigkeit, die nicht bloß charismatische Verkündigung des Evangeliums war, sondern sich auf eine solide theologische Bildung stützen konnte, wurde dabei vom Papst ausdrücklich ermuntert. Theologisches Studium und die daraus resultierende priesterliche Seelsorgetätigkeit hoben Leben und Arbeit der Brüder auf ein höheres und gesichertes Niveau.

Von den beträchtlichen Vorbehalten, die Franz im Blick auf die spezielle Sendung seiner Bruderschaft hinsichtlich der Gelehrsamkeit erhob, war bereits die Rede. Nun gelten das 13. und 14. Jahrhundert als die Blütezeit der scholastischen Philosophie und Theologie, zu deren Grundlegung griechisches Denken und auch islamische Philosophie wichtige Erkenntnismittel geliefert haben. Es zeigte sich, dass zur allgemeinen Volkspredigt eine Forschung hinzutreten müsse, die die Priesterschaft in die Lage versetzte, das Wort Gottes in philosophischer Begründung und Vertiefung zu durchleuchten. Glaube und Vernunft, Offenbarung und die gedankliche Durchdringung der Botschaft unter Einbezug der antiken Philosophie Platons und Aristoteles‘ wurden als eine Zeitforderung erkannt. Dieser Erkenntnisaufgabe konnten sich die Nachfolger des Franziskus nicht verschließen. Im Gegenteil: Es waren Franziskaner – unter ihnen Alexanders von Hales (*Halesius,* um 1185–1245) – die an der erst unlängst entstandenen Pariser Universität ihre Lehrtätigkeit aufnahmen.

Papst Alexander IV. erteilte den bereits entsprechend geschulten Franziskanern – an ihrer Spitze Bonaventura – zusammen mit den Dominikanern, theologisch angeführt von Thomas von Aquin, den Auftrag, sich als Lehrer der Kirche (*doctores Ecclesiae*) der universitären Unterweisung zu widmen. Dabei bestimmten zwei in einer gewissen Spannung zueinander stehende philosophische Traditionen das geistige Ringen in Lehre und Disputation: Vereinfacht ausgedrückt orientierten sich die Dominikaner vornehmlich an der Philosophie und der Logik des Platon-Schülers Aristoteles, während die Franziskaner mit Bonaventura den Kirchenvater Augustinus zu ihrer bevorzugten theologischen Autorität erkoren.[70] Damit trafen zwei geistige Haltungen aufeinander, die jedoch nicht absolut gesetzt werden wollen. Der möglichst alle Bereiche der Wirklichkeit behandelnde Aristoteles ging von der empirischen Erfahrung aus, während die geistigen Nachfahren des Augustinus, wie beispielsweise an Bonaventura ersichtlich, der unmittelbaren Intuition besonderen Wert beimaßen. Oder in einer Zusammenfassung Paul Tillichs ausgedrückt:

„Die ganze Spannung zwischen Aristotelismus und Augustinismus kann von der Frage aus verstanden werden, ob unsere Erkenntnis eine Partizipation [Teilhabe] an der göttlichen Erkenntnis seiner selbst und der Welt ist oder ob wir Gott erkennen, indem wir die Welt von außen betrachten. Ist Gott der Anfang oder das Ende unserer Erkenntnis?“[71] Es zeigt sich, dass der franziskanische Ansatz dadurch gekennzeichnet ist, dass der Zugang zum Göttlichen nicht durch denkerische Schlussfolgerungen erreichbar ist. „Die

70 Leonhard Lehmann, in: Kulturgeschichte der christlichen Orden. Stuttgart 1997, S. 178 ff.

71 Paul Tillich: Vorlesungen über die Geschichte des christlichen Denkens. Teil I: Urchristentum bis Nachreformation. Stuttgart 1971, S. 198.

Franziskaner hielten Thomas entgegen, dass seine Methode, die echt aristotelisch mit den Sinneswahrnehmungen beginnt, die Wissenschaft (*scientia*) fördere, aber die Weisheit (*sapientia*) zerstöre, nämlich die Erkenntnis der letzten Prinzipien, die Gotteserkenntnis."[72] Unnötig zu sagen, dass damit Konfliktstoff für die gelehrte Disputation angehäuft ist.

Aus solchen unterschiedlichen Weisen der theologischen Erkenntnisbildung wird deutlich, welchen geistigen Weg die Söhne des Franziskus eingeschlagen haben und inwiefern sich seine Christus-Nachfolge auf den Denkwegen der Minderen Brüder in ihren einzelnen Sektionen spiegelt. Zweifellos war der Schritt zu Wissenschaft und Philosophie für den Franziskanerorden in seiner Gesamtheit von erheblicher Tragweite, „wenn nicht eine Abkehr oder gar eine Verleugnung der Ideale des Stifters, so doch deren Umformung. Weiter: die Begründung einer Tradition, einer Ordenstheologie. Diese hat wohl die mächtigen religiösen Impulse des hl. Franziskus in sich aufgenommen, sie trat aber zugleich in die bestehenden Traditionen ein, in die großen Traditionen des christlichen Denkens: des Augustinismus, des christlichen Neuplatonismus, der beginnenden Scholastik. Das gilt für das franziskanische Denken schlechthin. Es gilt im Besonderen für die franziskanische Mystik. […] Das Franziskanische konnte dabei diese mystischen Traditionen neu formen und beleben …"[73]

Wenn oben von einer *Franziskanerschule* die Rede war, dann war sie, abgesehen von der herausgestellten Wichtigkeit augustinischer Theologie, nicht so sehr durch be-

72 Paul Tillich a.a.O. S. 199 f.

73 Kurt Ruh in: Altdeutsche und altniederländische Mystik. Darmstadt 1964, S. 259.

stimmte Thesen oder durch genau definierte gedankliche Vorlieben gekennzeichnet. Bestimmend war jedenfalls die Beispielhaftigkeit ihres Ordensstifters. „Franziskus hatte seinen geistigen Söhnen nicht nur das *lumen veritatis divinae* [das göttliche Wahrheitslicht] als *operatio* eines dem Vater wohlgefälligen Lebens zum verpflichtenden Beispiel werden lassen (vgl. Joh 8, 29), sondern ihnen darüber hinaus auch durch Wort und Leben wesentliche Leitgedanken mitgegeben, die auch ihr Leben und Denken formten [...] Die christliche Größe und das Besondere dieses Mannes liegen geradezu drin, dass er dem Evangelium gegenüber keine Sonderideen hat, sondern lediglich bestimmte Gedanken und Anliegen des Evangeliums selbst besonders hervorhebt und gleichsam unterstreicht [...] Er denkt nicht in Begriffen als vielmehr in heilsgeschichtlichen Fakten."[74]

Damit zeigt sich einmal mehr, dass ein Mensch von der Statur des auf Armut und Bedürfnislosigkeit setzenden Franziskus, der der Gelehrsamkeit eher ablehnend gegenübergestanden hat, dennoch prägend und formgebend auf die Theologie Einfluss nahm. Auch darin ist eine bedeutende Fernwirkung des unscheinbaren Poverello zu sehen zwar nicht in Gestalt eines persönlichen aktiven Beitrags auf theologisch-wissenschaftlicher Ebene, wohl aber durch das spirituelle Profil, das durch seine geistigen Nachfahren in ihrem Glauben, Lehren und Forschen transparent werden sollte.

Oder um die Einschätzung des katholischen, zugleich mit dem schwedischen Luthertum verbundenen Theologen und Religionswissenschaftlers Friedrich Heiler (1892–1967) hinzuzufügen: „Die ‚minderen Brüder', die bettelnd

74 Werner Dettloff: Franziskanerschule, in: Theologische Realenzyklopädie 11, S. 399.

das Land durchwandern und Christi Nachfolge in Wort und Tat verkündigen, errangen eine Popularität, die keinem anderen Orden je zuteil ward. Sie wurden die Lieblinge des Volkes, darum war ihnen die stärkste Einwirkung auf die Masse möglich. Eine gewaltige Welle neuen religiösen Lebens ist von der franziskanischen Brüderschaft auf das mittelalterliche Volksleben erstlich in Italien, dann auch in anderen Ländern ausgegangen."[75]

---

75 Friedrich Heiler: Der Katholizismus. Seine Idee und seine Erscheinung. (1923) München 1970, S. 464.

Ausblick auf das Reich des Heiligen Geistes

Für den Fortgang der Ausformung des Franziskaner-Ordens und weit darüber hinaus sollten Person und Werk eines Mannes eine besondere Bedeutung erlangen, der eine neue, in die Zukunft gerichtete Schau der christlichen Heilsgeschichte zu eröffnen vermochte, nämlich *Joachim von Fiore* (*Gioacchino da Fiore*, gest. 1202). Es handelte sich demnach um einen älteren Zeitgenossen des Poverello, der im süditalienischen Kalabrien zunächst als Zisterzienserabt wirkte. Er empfing nach eigenem Bekunden an einem Pfingstmorgen um das Jahr 1190 eine einzigartige Erleuchtung, die ihm den nahen Anbruch eines *Zeitalters des Heiligen Geistes* verkündigte. Welch ein Thema, das die Menschen im Zeichen eines neutestamentlich zu verstehenden *Prinzips Hoffnung* im Laufe der Kirchengeschichte immer wieder in Aufregung und zum Aufbruch zu bewegen vermochte! Bald ging es um die Frage nach der Wiederkunft Christ – so in der frühen Christenheit –, bald um die Sehnsucht nach dem Reich des Friedens und der Gerechtigkeit.

Wie bekannt, lebte die erste Christenheit in der gespannten Naherwartung (*parousía*) des kommenden Christus von Anfang an, denkt man etwa an die Abschiedsreden Jesu im Johannesevangelium oder an die ersten Paulus-Briefe, in denen der Apostel hierzu Stellung zu beziehen hatte. Es handelte sich um eine Erwartung, die sich in der von der Urchristenheit erhofften Form nicht erfüllte. Doch die Kirche hatte sich nach Jahrhunderten der Christenverfolgung und der Erhebung zur römischen Staatsreligion mittlerweile gesellschaftlich etabliert. Mit dieser Christenheit rechneten die römischen Kaiser seit Konstantin im frühen 4. Jahrhundert. Zwar schließt das Neue Testament in der Johannes-Offenbarung (*Apokalypse*) mit dem sehnsuchtsvollen aramäischen Ruf: *Maranatha – Komm, Herr Jesus!* Doch dieses „Prinzip Hoffnung", wie Ernst Bloch das Phänomen gemäß seiner eigenen Weltsicht nannte und in einem voluminösen Werk (*Das Prinzip Hoffnung, 1959 f.*) beschrieb, verlor schon nach wenigen Generationen ihre spezielle Brisanz. Apokalyptische Spekulationen traten eine Zeitlang in den Hintergrund, wenngleich die zweite Bitte des Vaterunsers – *Dein Reich komme!* – seitdem nie preisgegeben wurde, wie sehr die darin enthaltene Reichs-Vorstellung sich von Zeit zu Zeit auch gewandelt haben mag.

Mit der Zukunftsschau des Joachim von Fiore erfuhr die als Geschichtstheologie verstehbare Endzeitlehre (*Eschatologie*) der Christenheit eine überraschende Aktualisierung. Jahrhunderte lang hielt die darin sich zeigende, oft mit Ungeduld gepaarte, auch in nichtreligiösen Ideologien wie dem Marxismus enthaltene Hoffnung, beispielsweise in Gestalt einer „klassenlosen Gesellschaft", ganz zu schweigen von dem faschistischen Dritten Reich. Doch bei Joachim von Fiore geht es um ganz andere Bezüge. Denn durch den Seher-Abt erschienen Franz von Assisi und zumindest ein Teil seiner späteren Franziskanerbrüder, wenn nicht der gesamte Orden der Minderen Brüder, in einem neuen, bislang ungeahnten Licht. Joachim schilderte sein Pfingsterleben als einen spirituellen Erkenntnisdurchbruch mit den Worten:

Als ich um die Matutin[76] *aus dem Schlaf erwachte, da nahm ich zur Meditation dieses Buch [die Johannes-Apokalypse] in die Hand [...] Da durchfuhr plötzlich zu der Stunde, in der unser Löwe vom Stamme Juda [Christus] auferstanden ist [...], eine Helligkeit der Erkenntnis die Augen meines Geistes und es enthüllte sich mir die Fülle [plenitudo] dieses Buches und die symmetrische innere Bezogenheit [concordia] des Alten und des Neuen Testamentes.*

Dabei handelt es sich um die Grunderfahrung eines religiösen Menschen, der in dem betreffenden Augenblick über ein schauendes Denken verfügt. Im Falle Joachims handelt es sich um das plötzliche Einsichtigwerden eines gesamtbiblischen Zusammenhangs. Er schaut die dreigestaltige, durch die göttliche Trinität bestimmte Struktur der Heilsgeschichte. Er wendet seinen Blick nicht nur zurück auf Gewesenes, das in Christus Erfüllung gefunden hat. Sein Skopus richtet sich nach vorne auf noch nie Dagewesenes, nämlich auf die Zukunft der Christenheit. In der Bildsprache des Sehers der auf diese Weise sich ergebenden „Drei-Zeiten-Lehre“ heißt das bei Joachim:

Auf drei Weltordnungen weisen uns die Geheimnisse der Heiligen Schrift: auf die erste, in der wir unter dem Gesetz waren, auf die Zeit, in der wir unter der Gnade sind; auf die dritte, welche wir schon aus der Nähe erwarten, in der wir

76 Matutin, die Zeit des morgendlichen Stundengebets der Mönche.

unter einer reicheren Gnade sein werden, weil Gott – wie Johannes [in der Apokalypse] sagt – uns Gnade für Gnade gab, nämlich den Glauben für die Liebe ...[77]

Diese drei Reiche oder Weltordnungen verteilt er auf das Alte Testament als Reich des Vaters, das Neue Testament als Reich des Sohnes und auf das seiner Überzeugung nach unmittelbar bevorstehende dritte Reich des Heiligen Geistes. Herrscht im ersten dieser Weltordnung das Gesetz der Unterordnung und im anderen das Charisma der Gnade, so sei es der kommenden Zeit bestimmt, das Reich der Liebe und der Gegenwart des göttlichen Geistes zu realisieren, nämlich verkörpert durch die und in der Geist-Kirche (*Ecclesia spiritualis*). Die urchristliche Parousie-Erwartung scheint somit eine Wiederbelebung und eine Steigerung zu erfahren, auch wenn sich, durch Joachims Aufzeichnungen geleitet, zunächst erst eine kleine Schar von dieser Hoffnung erfüllen lässt. Angegeben ist das Jahr 1260. In der römischen Kirche musste Joachims Verkündigung Argwohn und offizielle Ablehnung erfahren.

Nun hat Joachim diese drei Weltalter in seinen Schriften eingehend beschrieben. Er tat dies, wie zeitüblich, in der Bildsprache der Allegorie, und zwar unter spezieller Hervorhebung dieser *Ecclesia spiritualis,* der Geist-Kirche. Das Neue, das ihr eigen sei, hebe vieles von dem auf, an das die derzeitige Kirche der Macht, des Einflusses und aller weltlicher Veräußerlichung gebunden ist. Insofern haben selbst die dominanten Kirchen-Oberen ausgedient. Das soll auch die sakramentalen Gnadenmittel der Kirche betreffen, die

77 Zit. Nach Ernst Benz: Ecclesia spiritualis. Kirchenidee und Geschichtstheologie der franziskanischen Reformation. Stuttgart 1934; Darmstadt 1964, S. 4.

oft als Mittel zu einer sakralen Machtausübung missbraucht werden. Denn ein neues, ein ewiges Evangelium (*evangelium aeternum*) erhebt seine Stimme, jenes Evangelium, das bereits in der Apokalypse (Offb 14,6) angekündigt ist. Offensichtlich ist damit nicht ein Buch gemeint, sondern viel mehr eine Erkenntnis, eine Geisteshaltung, nicht zuletzt ein darauf basierendes Ethos, das durch spirituell geartete Menschen verkörpert werde.

Joachim selbst hat niemals den Anspruch erhoben, der Empfänger oder der Inhaber jenes *ewigen Evangeliums* zu sein. Die Steigerung und Zuspitzung seiner Kunde blieb anderen, und zwar ein halbes Jahrhundert nach Joachims Tod (1202), vorbehalten. Es waren Enthusiasmierte, die gleichwohl von der Zukunftsschau des Sehers ergriffen waren. „Der Höhepunkt dieser Bewegung wurde im Jahre 1542 erreicht, als in Paris ein Buch unter dem Titel ‚Liber introductoris ad Evangelium aeternum' [Einführung in das ewige Evangelium] erschien. Es war von einem jungen Lektor der Theologie an der Universität Paris, namens Gerhard von Borgo San Donnino, geschrieben. Er verkündete kühn, dass die Ära des Ewigen Evangeliums, die Ordnung des Heiligen Geistes, in sechs Jahren, d.h. 1260 beginnen werde.[78] Er erklärte, Joachim habe bereits eine neue Epoche kontemplativen Lebens eingeleitet, und die spirituellen Nachfolger des heiligen Franziskus, deren einer Gerhard war, sollten Organe und Künder des neuen Evangeliums sein."[79]

Nun war die Frage, ob und wie weit die Radikalität der asketischen, mit totaler Armut verknüpften Lebensform

78 In die Zeit um 1260 fällt die Geburt Meister Eckharts!

79 Zit. bei Karl Löwith: Weltgeschichte und Heilsgeschehen. Die theologischen Voraussetzungen der Geschichtstheologie. Stuttgart 1953, S. 137.

des Franziskus durchgehalten werden müsse, im noch jungen Orden der Franziskaner von Anfang an umstritten. Es bildeten sich in der Bruderschaft zwei Flügel, nämlich die den milderen Weg befürwortenden *Konventualen* und die auf letzte Konsequenz setzenden *Spiritualen* (etwa ab 1241). Unbestritten war die Ernsthaftigkeit beider Gruppierungen der geistlichen Gefolgschaft im Sinne des Franziskus. Die Konventualen wie die Spiritualen blieben mit dem Ordensgründer, wenngleich in unterschiedlicher Akzentuierung, verbunden. Aber als die Kurie eines Tages die Rechtmäßigkeit der testamentarischen Verfügungen in Zweifel zog, das heißt eine Milderung der testamentarischen Festlegungen bewirkte – so geschehen 1230 durch Papst Gregor IX. –, waren es die *Spiritualen,* die an der asketischen Strenge der Weisungen ihres Meisters festhielten. Damit entbrannte ein Streit im Orden zwischen beiden Gruppierungen.

Die Schriften mit der Schau Joachims, die echten und nicht weniger die ihm unterschobenen, häresieverdächtigen Texte, schlugen nach Bekanntwerden in der Bruderschaft bei den Franziskanern wie ein Blitz ein. Denn es setzte sich alsbald, wie erwähnt, die Auffassung durch, dass kein anderer als Franz von Assisi jener vollmächtige Führer (*dux*) ins kommende Reich des Geistes sei. Er verkörpere geradezu den Prototyp eines Geistes-Menschen (*vir spiritualis*). Demnach habe der Franziskanerorden als Träger und Bringer der Geistkirche (*Ecclesia spiritualis*) zu gelten. Doch dies bedinge, dass die testamentarischen Verfügungen des Poverello nicht aufgeweicht werden dürften. Die Spiritualen sahen es als eine unverbrüchliche Verpflichtung an, das franziskanische Armutsgelübde in voller Strenge zu bewahren. Von daher ist verständlich, dass die Minderbrüder durch Joachims Schriften stark beeindruckt waren.

Dazu bemerkt der Schweizer Kirchenhistoriker Walter Nigg:

„Der Franziskanerorden stellte ohnehin einen mächtigen religiösen Aufbruch dar. Als er mit Joachims Schrifttum zusammenkam, musste dies wie Öl ins Feuer wirken, und die Flammen lohten noch steiler empor [...] Franziskus wurde von den Spiritualen als die weltgeschichtliche Gestalt aufgefasst, welche die Erfüllung der von Joachim verheißenen neuen Zeit sei. In Franziskus sahen sie die Antwort auf die Frage Joachims.“[80] Dieses Geschehen und die außerordentlich hohe Einschätzung des Franziskus und seiner Stiftung zeigt einmal mehr, in welcher Perspektive Person und Werk des gering erscheinenden Poverello gesehen werden konnte.

80 Walter Nigg: Das ewige Reich. Geschichte einer Hoffnung. Zürich 1954, S. 144 f.

Von Joachim zu Franziskus

Wie hat sich nun die Zukunftsschau Joachims posthum auf Franziskus und die Seinen ausgewirkt? Worin besteht die Tragweite ihrer Bedeutung? – Diese und ähnliche Fragen drängen sich auf, wenn man sich über das Gegenüber der beiden Gestalten und das Wesen ihrer Botschaft klar werden will.

Offensichtlich handelt es sich um zwei Sichtweisen des spirituellen Impulses, die aufeinander zu beziehen sind und die zu einer Erweiterung, zugleich zu einer Vertiefung dessen anregen, was Franz von Assisi durch seine Begegnung mit dem Bild des Gekreuzigten erfahren hat. Bei ihm ist, wie sich bisher gezeigt hat, der Blick auf den Mann aus Nazaret als Mann der Passion gerichtet, dessen Leben und Erleiden er in der Stigmatisation auf dem Monte Alverna bis zum physischen Ertragen der Wundmale auf sich nimmt. Er tat und ertrug dies, um in einer buchstäblichen Erfüllung seines Rufs in die Nachfolge und Sendung ein wahrhaftiger Jesusjünger zu sein. Hierfür sind ihm insbesondere die ersten drei, das heißt die synoptischen Evangelien nach Matthäus, Markus und Lukas, richtungweisend geworden. Mit ihrer Botschaft begnügt er sich. Ihm geht es, wie es einmal heißt, darum, in der Nacktheit der Armut Jesu dem nackten Jesus (*nudus Jesus*) gleich zu werden, ja ihn nachzuahmen (*imitatio*). Die Glorie des Auferstandenen, dessen Erhöhung und Wiederkunft, bleiben dem Poverello beinahe wie ausgeblendet. Er lässt sich – nach einem Wort des Apostels Paulus – an *seiner,* das heißt Jesu *Gnade genügen.* Dazu kommt die rückhaltlose, für den Schöpfergott begeisterte Solidarität mit allem Geschöpflichen. So lautet das Zeugnis des *Sonnengesanges.*

Daneben und ganz anders getönt steht der prophetische und geschichtsphilosophische Ansatz des Joachim von Fiore. Seine Inspirationsquelle ist die johanneische Botschaft, wie sie durch den vierten Evangelisten und den Autor der Johannes-Offenbarung dargeboten wird. Das entspricht im Vergleich mit Franz von Assisi einer spirituell beträchtlich erweiterten Optik: Joachim sieht sich konfrontiert mit dem „Wort [*ho lógos*], das am Anfang war" (Joh 1) und in dem – paulinisch gesprochen – „die Fülle der Gottheit leibhaftig" (Kol 2, 9) lebt. Mehr noch: Ihm, Joachim, erschließt sich das letzte, das von allerlei Symbolen und Mysterienbildern durchzogene Buch der Bibel, die *Apokalypse,* mit der erhabenen Christusgestalt. Damit wird sein Blick frei für das *ewige Evangelium,* gemäß dem 14. Kapitel Vers 6: „Und ich sah einen anderen Engel fliegen mitten durch den Himmel, der hatte ein ewiges Evangelium [*euangélion aiónion*] zu verkündigen denen, die auf Erden wohnen ..."

Mit einem Wort: Auch wenn die Kunde des Joachim von Fiore durch jene in kirchlichen Kreisen in Misskredit geriet, die die echten Schriften des Seherabtes durch eigenes fragwürdiges Zutun verfälscht haben, so bedeutete der Einbruch des Joachimismus in den Franziskanerorden und dessen überkommenes Erbe dennoch eine wesentliche Bereicherung. Die von daher sich ergebende bedeutsame Vertiefung der Lehre des Franziskus entsprach der Ankündigung jener *Kirche des Geistes*, eben der *Ecclesia spiritualis*, wie sie bereits in den johanneischen Abschiedsreden in Aussicht gestellt ist, wo Jesus sagt: „Ich habe euch noch viel zu sagen, aber ihr könnt es noch nicht tragen; wenn aber jener, der Geist der Wahrheit [*to pneuma tes alethéias*] kommen wird, der wird euch in alle Wahrheit leiten [*hodegései hymas en te alethéia páse*].“ (Joh 16,12 f) Dieser Ausblick stellt die mit Christus Verbundenen vor einen neuen, tiefen Horizont.

Nicht nur die Franziskanerbrüder taten sich in der Armutsfrage einst schwer, die in ihren Reihen entstandenen Deutungsunterschiede auszugleichen. Davon waren in anderer Akzentuierung eine Zeitlang auch weite Kreise der abendländischen Kirche ergriffen. Bislang herrschte die Überzeugung, dass es nach Augustinus und seinem großen Werk vom „Gottesstaat“ (*De civitate Dei*) die real existierende katholische und damit gesamte Kirche sei, die den alleinigen Anspruch erheben könne, das bereits verwirklichte Reich Gottes darzustellen. Damit liegt auf der Hand, weshalb die römische Kirche die Lehre Joachims prinzipiell bestreiten musste. Wer aber dem anerkannten Dogma widerspricht, gilt als Ketzer und muss – wie allzu oft geschehen! – vernichtet werden. Und in der Tat: „Die Kirche ruhte nicht, bis die (franziskanischen) Spiritualen im Raume der Christenheit vernichtet waren. Mit diesem päpstlichen Sieg war die Reichserwartung von Neuem abgewürgt und damit auch der Kampf gegen den Joachimismus beendet.“ Man darf freilich nicht vergessen, dass es in der Hauptsache die dem Joachim nachfolgenden, ihn bisweilen verfälschenden Interpreten waren, die dem Verdikt der Kirche verfielen. Aber durch deren Verdammung fiel auch ein Schatten auf den Verkünder der Geist-Kirche.

Und Walter Nigg fügt in seiner Darstellung der Zusammenhänge hinzu: „Diese rücksichtslose Austilgung des joachimitischen Geistes in der zweiten Hälfte des Mittelalters ist eine Tragödie, die man nur mit herzbeklemmender Erschütterung verfolgen kann."[81]

Was die Wertschätzung und Integration des Franziskus-Erbes anlangt, so war die Kirche bestrebt, „dem Franziskus-Ideal eine Form zu geben, die ihm eine dauernde Wirksamkeit ermöglichte. Bei ihren Entscheidungen lässt die Kirche sich nie nur vom Gedanken an eine Elite des Geistes lenken, wie die Spiritualen es waren, sondern sie denkt stets auch an die große Masse der mittelmäßigen Christen, die eines großen inneren Aufschwunges nie fähig seien [...] Es war nicht nur Unverständnis, sondern auch Verpflichtung, was sie zur Ablehnung Joachims führte. Das alles kann zu ihrer Entschuldigung gesagt werden; ob diese Gründe ausreichen, ist freilich eine andere Frage."

Was schließlich das Gegenüber von Joachim von Fiore und Franz von Assisi betrifft, so verlangen beider Sichtweisen, die jesuanische und die auf den kommenden Christus und die Geisteswirkung gerichtete, die ihnen jeweils innewohnende Berechtigung: Auf der einen Seite die Treue des Franziskus gegenüber dem Jesus von Nazaret in seiner vollen Menschlichkeit, in seiner konsequenten Menschen- und Friedensliebe. Auf der anderen Seite das Ernstnehmen der geistgeschenkten Impulse, deren die Christenheit in jeder Zeit bedarf, wenn ihre jeweiligen kirchlichen Strukturen nicht sich selbst genügen wollen. Die Richtung ist vorgegeben, bei Johannes wie bei Paulus: „Gott ist Geist, und die ihn anbeten, müssen ihn im Geist und in der Wahrheit anbeten." (Joh 4,24) „Der Herr ist der

81 Walter Nigg a.a.O. S. 149.

Geist; wo aber der Geist des Herrn ist, da ist Freiheit." (2 Kor 3,17)

Wenn Dante mit Blick auf Franz von Assisi sagen konnte, dass mit ihm der Welt „eine neue Sonne" geschenkt worden sei, so wird man (mit Walter Nigg) einräumen müssen, der Poverello könne nur andeutungsweise, gleichsam nur ein Zeichen gebend in der Lage gewesen sein, die Erfüllung von Joachims Weissagung darzustellen. Immerhin, „wer die Gestalt des Franziskus von innen schaut, begreift, dass die damaligen Menschen auf den Gedanken gekommen sind, in ihm eine *neue Weltzeit der Freude* angebrochen zu sehen, welche die Phase der Trauer über den Tod Christi ablöste. In Franz von Assisis Seele brach ein solcher Sturm der Freude hervor, der alles mit sich fortriss. Wie bei Jesus war es die Freude über das Kommen des Reiches, die in Franziskus' Heroldsruf zum Erklingen kam."[82]

Bei aller Bedeutsamkeit und Hochschätzung der Schau Joachims bleibt indes die Tatsache, dass nicht er, sondern Franz von Assisi die geschichtlich prägende und die im Bewusstsein der Menschen allgemein präsente Gestalt in der Christenheit verkörpert. Doch die Schau Joachims von Fiore darf nicht der Vergessenheit verfallen!

82 A.a.O. S. 151

Das Friedensgebet

In einer Reihe von Gebetssammlungen und religiösen Anthologien begegnet man einem in verschiedenen Übersetzungen vorhandenen Text, der als „das Friedensgebet" bezeichnet und dem Franz von Assisi zugesprochen wird. Tatsächlich erinnern die darin enthaltenen Formulierungen und die auf Friedfertigkeit und Eintracht ausgerichteten Bitten an die Geisteshaltung des *Poverello*. Bekannt ist, wie wichtig dem anfangs ritterlich begeisterten, auch kampfbereiten, stolzen Kaufmannssohn nach seiner Bekehrung der Wert des harmonischen Einklangs mit allen Menschen war. Nicht allein von Bonaventura wissen wir das. Aber in der Vorrede seines bereits erwähnten geistlichen Pilgerbuches (*Itinerarium mentis in Deum*) wird das unter Anführung des Paulus-Wortes vom „Frieden, der höher ist als alle Vernunft" ausdrücklich bezeugt:

Diesen Frieden kündet und brachte unser Herr Jesus Christus, und unser Vater Franziskus wiederholte seine Botschaft. Franziskus empfahl den Frieden am Anfang und am Ende jeder Predigt; er wünschte den Frieden bei jedem Gruß; er seufzte nach dem Frieden der Ekstase in jeder Betrachtung […] Denn er wusste, dass der Thron Salomos nur im Frieden Bestand hat; steht doch geschrie-

ben: „Im Frieden weilte er, und seine Wohnung ist auf Zion errichtet.“[83]

So ist es verständlich, dass das sogenannte „Friedensgebet“ neben dem „Sonnengesang“ bei vielen Menschen Eingang gefunden hat, doch es stammt nicht von Franz. Man vermutet die Existenz einer bisher noch nicht gefundenen lateinischen Fassung. Offensichtlich erfolgten Formulierung und erste Niederschrift des Gebets am Anfang des 20. Jahrhunderts durch einen Ungenannten. Das Gebet entstand offensichtlich mitten im Ersten Weltkrieg in der Normandie und wurde vom Marquis de la Rouchtelon, dem Gründer des katholischen Wochenblatts *Souvenir Normand*, zusammen mit etlichen anderen Gebeten an Papst Benedikt XV. nach Rom geschickt. Damit wollte der Marquis die Friedensbemühungen des Papstes unterstützen. Am 20. Januar 1916 schließlich wurde das Gebet im *L'Osservatore Romano*, dem offiziellen Nachrichtenorgan des Vatikans, veröffentlicht und erfreute sich bald großer Popularität. Große Verbreitung fand es vor allem in Form eines Andachtsbildes, das auf Initiative eines Franziskaners entstand und bis heute millionenfach Verbreitung fand. Anton Rotzetter, selbst Kapuzinermönch, und Elisabeth Hug berichten:

„1917 ist ein Franziskaner beim Dritten Orden von Metz[84] auf Visitation. Zum Abschluss überreicht er ein Erinnerungsbild. Die Vorderseite zeigt Franziskus mit der Drittordensregel. Die Rückseite bringt dieses Gebet mit Quellenangabe und einer persönlichen Bemerkung [...] Es

83 Bonaventura: Itinerarium mentis in Deum, Vorrede, a.a.O. S. 45.
84 Im Ersten Weltkrieg gehörte die Festungsstadt Metz zum Deutschen Reich.

handelt sich bei diesem Gebet also um eine persönliche Lesefrucht eines Franziskaners. Die persönliche Bemerkung begründet, warum er dieses Gebet dem täglichen Beten der franziskanischen Laien empfiehlt. Sie könnten in der ständigen Wiederholung dieses Gebetes in jene Grundhaltung hineinwachsen, die Franz von Assisi beseelt hat. Damit hat er auch angezeigt, in welchem Sinne dieses Gebet franziskanisch genannt werden darf.“ [85]

Es spricht für die Lebendigkeit und die Lebensnähe franziskanischer Spiritualität, dass von Fall zu Fall auch andere Gebete und meditative Wortlaute dieses Geistes in mehreren Sprachen Verbreitung gefunden haben.

Herr,
mach mich zu einem Werkzeug deines Friedens.
Lass mich Liebe bringen in den Hass,
Verzeihung in die Schuld,
Einheit in die Zwietracht,
Wahrheit in den Irrtum,
Glauben in den Zweifel,
Hoffnung in die Verzweiflung,
Licht in das Dunkel,
Freude in die Traurigkeit.

Herr,
lass mich mehr trachten
zu trösten als Trost zu finden,

85 A. Rotzetter / E. Hug, in: Franz von Assisi: Die Demut Gottes. Zürich 1980, S.187 f. – Der Abdruck des *Friedensgebetes* erfolgt in der hier gegebenen Fassung. Zu Entstehung und Deutung des Friedensgebetes aus dem franziskanischen Geist vgl. vor allem: Bruno Kern: Die großen Gebete der Menschheit. Wiesbaden 2012, 76–78; Leonardo Boff: Daß ich liebe, wo man haßt. Das Friedensgebet des Franz von Assisi. Düsseldorf o.J.

zu verstehen als Verständnis zu finden,
zu lieben als Liebe zu finden.

Im Geben empfange ich,
im Mich-Vergessen finde ich mich,
im Verzeihen erfahre ich Verzeihung,
im Sterben stehe ich auf zum ewigen Leben.
Amen.

Dass man Franziskus die Autorschaft dieses Gebetes zuschrieb, ist vordergründig faktisch falsch. Wie sehr dieses Pseudonym allerdings sachlich zutreffend ist, da das Gebet den franziskanischen Geist atmet, hat unlängst Bruno Kern dargestellt.[86] Man vergleiche den Text des Gebetes mit Passagen aus dem frühen franziskanischen Schrifttum. In den *Ermahnungen* zum Beispiel heißt es:

Wo Liebe und Weisheit, da ist weder Angst noch Unwissenheit.
Wo Geduld und Demut, da ist weder Zorn noch Verwirrung.
Wo Armut und Freude, da ist weder Gier noch Geiz.
Wo Friede und Betrachtung, da ist weder Unruhe noch Zerstreuung […]
Wo Barmherzigkeit und Zurückhaltung, da ist weder Überschwang noch Herzenshärte.

(Erm 27)

Auch einer der ersten Gefährten des Franziskus und zugleich einer der bedeutendsten Vertreter Franziskanischer

86 Bruno Kern: Die großen Gebete der Menschheit. Wiesbaden 2012, 77.

Mystik, Ägidius von Assisi, verwendet Formulierungen, die das Friedensgebet in gewisser Weise vorwegnehmen:

> *Selig, wer liebt, ohne geliebt zu werden; selig, wer die anderen in Ehren hält, ohne selbst in Ehren gehalten zu werden; selig, wer ihnen dient, ohne dass man ihm dient; selig, wer sie gut behandelt, ohne selbst gut behandelt zu werden.*[87]

Kern ist deshalb zuzustimmen, wenn er zusammenfassend sagt: „In einem viel tieferen Sinne also als dem der faktischen Autorenschaft kann man dieses Gebet tatsächlich mit Recht Franziskus zuschreiben. Dieser franziskanische Geist ist aber letztlich kein anderer als der der Bergpredigt und des Evangeliums insgesamt, das angesichts der bedingungslosen Liebe Gottes zur Selbsthingabe ermutigt: ‚Wer sein Leben krampfhaft festzuhalten sucht, wird es verlieren, wer es aber verliert, der wird es schließlich erst recht gewinnen.' (Lk 1,33; v gl. auch Joh 12,25)"[88]

---

87 Zitiert nach: Leonardo Boff: Daß ich liebe, wo man haßt. Das Friedensgebet des Franz von Assisi. Düsseldorf o.J, 21.
88 Kern, aaO., 77–78.

Zeittafel

1181 oder 1182	wird Franz in Assisi als Sohn des begüterten Tuchhändlers Pietro Bernardone und seiner Ehefrau Pica in Assisi/Umbrien geboren.
1198–1216	Pontifikat Papst Innozenz' III. (geboren 1160).
1202–1204	Städtekrieg zwischen Assisi und Perugia; Franz gerät in eine mehrmonatige Gefangenschaft und wird in Perugia inhaftiert.
1204–1205	Misslungener Versuch einer Teilnahme am Feldzug in Apulien.
1205–1208	Zeit der Lebenswende; Franz kümmert sich um Aussätzige; Auseinandersetzung mit den Eltern; er sagt sich von seinem Vater los. Er findet erste Anhänger, die ein Leben in Armut und in der Nachfolge Christi führen wollen. Prägende visionäre Erscheinungen begleiten sein äußeres Leben.
1209 (16. April)	Papst Innozenz III. erteilt Franz und seinen Brüdern die erste mündliche Bestätigung ihrer Lebensform.
1215	Viertes Laterankonzil.
1215–1216	Predigttätigkeit in Umbrien.
1217	Die aus unscheinbaren Anfängen erwachsene franziskanische Bewegung nimmt Formen an und breitet sich aus.

1219–1220	Orientreise.
1221–1222	Fortsetzung der Predigttätigkeit.
1223	Papst Honorius III. genehmigt die endgültige Ordensregel (*Regula bullata*).
1224	Auf dem Berg *La Verna* (Alverna) bei Bibbiena empfängt er, offenbar von einer Vision begleitet, die Wundmale Christi (*Stigmata*).
1226 (3. Oktober)	Nach längerer Erkrankung stirbt Franz bei der Portiunkula-Kirche in Assisi.
1228	Heiligsprechung durch Papst Gregor IX.
1254	In Paris erscheint die Einführung in das *ewige Evangelium*, wonach das Jahr 1260 als Beginn der *Ecclesia spiritualis* beginnen werde.
1980	Ernennung des Franziskus zum Patron des Umweltschutzes.
2013	Nach Rücktritt von Papst Benedikt XVI. hat sich dessen Nachfolger Jorge Mario Bergoglio, S.J., als erster Papst dafür entschieden, den Namen Franziskus zu tragen.

Stimmen und Zeugnisse zu Franz von Assisi

Hermann Hesse 1904

Es hat andere Heilige gegeben, deren Seele nicht minder rein und edel war, aber man gedenkt ihrer nur wenig mehr. Er aber war ein Kind und Dichter, ein Meister und Lehrer der Liebe, ein demütiger Freund und Bruder jeglicher Geschöpfe; und wenn die Menschen ihn vergäßen, so müssten Steine und Quellen, Blumen und Vögel von ihm reden. Denn als ein echter Dichter nahm er den Bann von allen diesen Dingen, welche Sünde und Unverstand darüber gelegt, und tat sie neu in ihrer ursprünglichen reinen Schönheit vor unseren Augen auf.

Friedrich Heiler 1923

Wie bei allen großen katholischen Heiligen, so ist auch bei Franz die Mystik der eigentliche Brennpunkt seiner Frömmigkeit. Ihr mildes Licht überstrahlt seine vulgär-katholischen Vorstellungen, seinen Kirchengehorsam und seine Askese. Wohl bei keinem anderen katholischen Heiligen ist die Mystik so liebenswürdig, so bezaubernd und anziehend wie bei ihm.

Max Scheler 1926

Es handelt sich um *eine einzigartige Bewegung von „Eros" und „Agape"* (einer in den Amor Dei und Amor in Deo ganz tief eingesenkten Agape) in einer urtümlichen heiligen und genialischen Seele – und schließlich um eine Art so restloser *Durchdringung* beider, die das größte und erhabenste Beispiel gleichzeitiger „Vergeistigung des Lebens“ und „Verlebendigung des Geistes“ darstellt, das mir bekannt geworden ist. Nie wieder in der Geschichte des Abendlandes ist eine Gestalt der sympathischen Gemütsmächte wieder erreicht worden, wie sie im hl. Franziskus bestand. Nie wieder auch die Einheit und Geschlossenheit ihrer gleichzeitigen Betätigung in Religion, Erotik, sozialem Wirken, Kunst, Erkenntnis. Das ist vielmehr die allgemeine Signatur aller Folgezeiten, dass das, was in Franziskus zur Einheit gebunden ist, sich in eine wachsende *Vielheit* von „Gestalten“ des Gemüts und Herzens zerlegt – in verschiedene „Bewegungen“ und in verschiedene *einseitige* Betätigungsfelder auseinandertritt.

Otto Karrer 1926

Die Gestalt des Heiligen von Assisi strahlt in der Geschichte des Mittelalters leuchtend hervor. Aber man kann sich Franz nicht einfach genug vorstellen, nicht fern genug, sei es der Philosophie, sei es auch der gelehrten Gottesweisheit, die auf Kathedern aristokratisch thronte. Dass er, nach all dem geistigen Reichtum und der seelischen Armut, die die letzten Jahrhunderte der Veräußerlichung angestaut, das Evangelium wieder entdeckte und sich mit Paulus vornahm, „nichts unter euch zu wissen, als Jesus, und zwar den Gekreuzigten“. Das ist seine weltgeschichtliche Tat.

Ernst Benz 1934

Dadurch, dass Franz eine bestimmte Stelle in der Heilsgeschichte zugewiesen bekam, rückt er in eine feste geschichtslogische Abhängigkeit von der Urgeschichte des

Christentums. Franz wird zum neuen Evangelisten und Apostel, von dem die neue Verkündigung des Evangeliums über die ganze Welt ausgeht. Er wird zum Johannes dem Täufer der Endzeit.

Romano Guardini 1935

Er ist ein Mensch von hinreißender Schönheit, Zartheit und Kraft der Seele. Er ist ein religiöses Genie von unbegreiflicher Größe. Er ist ein Heiliger im allerhöchsten Sinne des Wortes. Sobald wir aber sagen wollen, worin sein Besonderes besteht, werden wir verlegen. Wir heben diesen oder jenen Zug heraus, etwa die Liebe oder die Armut, und fühlen, dass damit nichts gesagt ist. Dann wieder kommt es uns vor, als ob er nicht ein Heiliger unter andern, sondern der Heilige schlechthin sei – bis uns eines Tages klar wird, woher diese seltsame Verlegenheit kommt: Sein besonderes Charisma besteht darin, an Jesus zu erinnern.

Simone Weil 1942

Ich wurde von großer Liebe zu dem heiligen Franziskus ergriffen, sobald ich von ihm erfuhr. Ich habe immer geglaubt und gehofft, das Schicksal werde mich eines Tages zwangsweise in jenen Zustand des Landstreichers und Bettlers stoßen, den er freiwillig auf sich nahm …

Walter Nigg 1944

Jegliche Lebensangst, welche die Menschen so oft terrorisiert, war von ihm abgefallen. Kein Stäubchen belastete ihn noch. Er hatte alles von sich geworfen und damit auch alles gewonnen. Armut war für ihn keine harte Bitternis, unter deren würgendem Griff er stöhnte, sondern ein überglückliches Dürfen, welches ihn aufjauchzen machte. Nie war ein Mensch freier und reicher als dieser Habenichts in dem Moment, da er ganz arm wurde. Deswegen zählt Franziskus zu den größten Helden der religiösen Freiheit.

Paul Tillich 1953

Franz von Assisi setzte die Mystik Augustins und Bernhards von Clairvaux fort und führte ein neues Element in das Mönchtum ein, nämlich die Idee des aktiven Lebens der Liebe, eine Idee, die dem Westen prinzipiell nahe lag. Er dehnte die Idee der Liebe jedoch auf alle Wesen aus [...] Durch sein Gefühl der brüderlichen Verbundenheit mit allen Wesen und seine Einsicht, dass der Seinsgrund der Natur der gleiche ist wie der des Menschen, öffnete er die Natur für die Religion.

Friedrich Heer 1953

Wer sich von Franz verwandeln lässt, in einen besseren Menschen, ist völlig getröstet, ist, wie Franziskus selbst sagt, bereits in diesem Leben von Christus kanonisiert, ein Heiliger auf Erden.

Wolfram von den Steinen 1958

Unter den zahllosen Heiligen der alten Christenheit hat Franz von Assisi seinen Platz für sich. Er wird über alle konfessionelle Feier hinaus geliebt, auch von vielen Protestanten, die doch sonst der „Möncherei" feindlich gegenüberstehen, ja weithin auch von solchen, die die christlichen Bekenntnisse ablehnen. Er hat eben etwas, was über alle Einordnungen hinweggreift. Er wirkt durch reine Menschlichkeit.

Arnold Toynbee 1972

Um für die nächsten zweitausend Jahre eine bewohnbare Biosphäre zu erhalten, müssen wir und unsere Nachkommen das Beispiel des Pietro Bernardone – eines großen Stoffhändlers im 13. Jahrhundert, der nur sein eigenes materielles Wohlergehen im Sinn hatte – vergessen und stattdessen dem Vorbild seines Sohnes, des hl. Franziskus, des besten aller Menschen, die im Abendland je gelebt haben, nachzueifern beginnen. Das Beispiel, das uns der hl. Franziskus gegeben hat, ist es, das wir Abendländer aus ganzem Herzen nachahmen müssen, denn er ist der einzige Abendländer, der die Erde retten kann.

Anton Rotzetter 1977

Die gegensätzlichsten Dinge sind in Franz von Assisi zur Einheit gebracht. Er gilt als Patron der Katholischen Aktion, als Klassiker christlicher Aktivität. Mit gleichem Recht darf er als Klassiker der Meditation bezeichnet werden. Man vergewaltigt und verrät ihn, sieht man bloß das eine und unterschlägt das andere [...] Franz von Assisi gehört zur immer noch unbewältigten Vergangenheit der Kirche. Er ist und bleibt eine Gestalt, mit der man sich auseinandersetzen muss.

Gertrude und Thomas Sartory 1977

Trotz der ungeheuren Faszination, die von der Gestalt des Franziskus ausging und ausgeht, blieb denn auch der Kern dieser Lebensgestalt den meisten Menschen unbegriffen und rätselhaft, bis zum heutigen Tag, was allerdings der Verehrung des Heiligen nicht Abbruch getan hat, im Gegenteil! [...] Aber die Personmitte, aus der alles hervorquillt, der

Wesenskern, aus dem es strömt – die Nachfolge des *armen* Jesus von Nazaret –, blieb für die meisten ein dunkler Bezirk, unausgeleuchtet, später wie damals.

Luise Rinser 1978

Er war ein geistgetriebener Revolutionär und dabei ein Dichter, Sänger und Mystiker. Er war großartig unbequem in seiner Zeit. Man kam nicht um dessen brennenden Dornbusch herum, man fühlte etwas von seiner Glut. Auch die Kirche musste manches reformieren […] Franziskus schuf ein neues Modell des echten Christen in einer verrotteten Zeit ohne Maßstäbe.

Adolf Holl 1980

Der Grund für unser Interesse an längst verstorbenen Gestalten unseres kulturellen Erbes liegt darin, dass deren Probleme, als unerledigte, noch immer in exemplarischer Weise die unseren sind. Dies gilt, wie für Sokrates und Jesus, auch für Franz von Assisi. Franz gehört in jene lange Galerie bürgerlicher Menschen, denen in ihrer Haut nicht wohl war und die deshalb ihre eigene Klasse verraten haben.

Ulrich Köpf 1983

Seine Haltung zum Leben war trotz mancher unbestreitbar harter Züge nicht finster, sondern freundlich, und mit ungeteilter Liebe seines großen Herzens umfing er die ganze Schöpfung: Kein Tier wollte der leiden, keinen Baum roden, kein Feuer auslöschen lassen – nicht aus Naturschwärmerei, sondern weil er in ihnen allen Geschöpfe Gottes und damit seine Brüder und Schwestern sah.

Raoul Manselli 1984

Diese so starke, an Gefühlsäußerungen so reiche Persönlichkeit war bei allen Veränderungen, die das unvermeidliche Fortschreiten der Jahre mit sich bringt, kein Asket geworden, der sich Gefühlen und Bindungen an Erinnerungen verschloss.

Michel Clévenot 1984

Das Geheimnis dieses Zaubers? O, das ist ganz einfach, doch zur damaligen Zeit bewirkte es eine Revolution, deren Echo noch immer nicht verstummt ist: Im Gegensatz zu so vielen Mönchen, die seit Jahrhunderten von Weltverachtung, Abscheu vor dem Körper und der Notwendigkeit ergriffen waren, sich hinter Mauern zu verschanzen, um ihr Heil zu wirken, ist hier ein junger Mann, der das Leben liebt ... Man hat ihm eine etwas einfältige Unschuld nachgesagt [...] Nichts ist falscher als das! Franziskus ist keineswegs naiv. Das Böse, die Sünde – er weiß sehr wohl, was das ist. Er muss nur die Augen aufmachen, um allenthalben des Hasses, der Gemeinheit, der Dummheit gewahr zu werden. Doch er bleibt dabei nicht stehen. Wenn sein Blick auf etwas fällt, dann gerät er ins Staunen: Was! So viele verborgene Schätze, so viel Schönheit, die sich da unter Lumpen verbirgt, so unendlich viele ungenutzte Möglichkeiten! In jedem Lebewesen entdeckt er eine Quelle, und schon sprudelt sie hervor, nimmt sie ihren Lauf und singt. Wenn man ihn sieht und ihm zuhört, dann versteht man ein wenig von dem, wie Jesus wohl gewesen sein muss: ein „Verführer", jemand, der euch „herausholt", euch aus dem Schlamm zieht, euch vom Staub befreit, und euch, aufrecht und frei, eurem Weg überlässt; ein „Poet", dessen Hereinbrechen in eure Welt eure Gewohnheiten durcheinanderbringt und den alltäglichen

Worten einen neuen, überraschenden und überwältigenden Klang verleiht. Die *Fioretti* erzählen: Wenn Franziskus auf der Bildfläche erschien, zwitscherten die Vögel, verbreiteten die Blumen ihren Duft und Männer, Frauen und Kinder liefen in Scharen herbei und riefen: *Ecco il santo*, seht, da ist der Heilige!

Georges Duby 1984

Ich ginge so weit zu behaupten: Was heute unter uns an Christlichem noch übrig ist, stammt von dieser Staffelübergabe im entscheidenden Moment her, zu der Zeit, als man die Kathedrale von Chartres wieder aufbaute: vom Wort und Beispiel des Franz von Assisi.

Anton Rotzetter 1988

Franz von Assisi erinnert unmittelbar an das Evangelium und an Jesus Christus und ist darum unabhängig von Konfessionszugehörigkeit *die* Modellgestalt des christlichen Lebens. Überdies zählt er zu den großen völkerverbindenden religiosen Genies der Menschheit.

Josef Sudbrack 1989

Nur wenige haben die Geschicke der Kirche und auch der Welt so sehr beeinflusst wie der „Poverello“, der Arme aus Assisi, der nichts wollte als in Bedürfnislosigkeit zusammen mit seinen Brüdern und Schwestern Jesus nachfolgen […] Mit der Charakterisierung „Naturmystik“ wäre nur *ein* Zug der Erfahrung des Heiligen beschrieben, denn seine Liebe zu den beseelten und unbeseelten Geschöpfen ist eingebettet in den preisenden Aufblick zum Schöpfergott.

Kurt Ruh 1993

Von keinem Heiligen des Mittelalters gibt es so viele und vielfältige Quellen – Viten, offizielle und inoffizielle Wundergeschichten, Dichtungen, kuriale Dokumente, Zeugenaussagen, chronikale Berichte – wie von Franziskus von Assisi, und dies erklärt sich leicht mit seiner Einzigartigkeit [...] Zweifellos schildern die Quellen ein gedeutetes Leben, deren geschichtlicher Wahrheitsgehalt erst von Fall zu Fall zu ermitteln ist.

Dorothee Sölle 1997

Das Motiv des Nackt-Werdens, der Sich-Entkleidens, der Schutzlosigkeit ist ein Grundmotiv mystischer Freiheit, das sich wie ein roter Faden durch das ganze Leben des Poverello zieht. In der großen Auseinandersetzung mit dem reichen Vater zieht er seine Kleider, die ihn als Bürgersohn ausweisen, öffentlich in der Gerichtsverhandlung aus und wirft sie dem Vater vor die Füße. Später schickt er einen der Brüder in Unterhosen in eine Kirche, um dort zu predigen, und folgt ihm dann, gleichfalls halbnackt. Selbst entkleidet, predigt er einen nackten Jesus am Kreuz, ohne alle Insignien der Macht und der Herrlichkeit. Sein kurzes Leben nach der Bekehrung hat er damit verbracht, alles auszuräumen, was ihn vor den Wunden der Liebe schützen könnte. Nichts soll zwischen ihm und dem nackten Christus als Schutz stehen: kein festes Haus, kein Geld, keine Rechtssicherheit, keine Macht und keine Ämter. Als es zum Sterben kommt, wird er entkleidet und auf den nackten Boden gelegt. Gott wird in den abrahamitischen Religionen immer wieder als der „ewig Reiche“ gepriesen, der die Fülle des Lebens in seinen Händen hält. Der Weg zu diesem Reichtum geht paradoxerweise durch die Armut. Besitz, Privilegien und Gewalt, grundlegende Institutionen des Zusammenlebens, werden immer wieder neu aufgehoben in diesem Versuch, sich Gott nackt zu stellen, ohne Bemäntelungen, ohne Rüstung in der Verwundbarkeit, die jede Liebe herstellt. Die Liebe, jede, macht nackt.

Papst Benedikt XVI. 2006

Das Zeugnis, das er in seiner Zeit ablegte, macht ihn zu einem natürlichen Bezugspunkt für jene, die auch heute das Ideal des Friedens, der Achtung der Natur und des Dialogs zwischen Menschen, Religionen und Kulturen pflegen. Dennoch ist es wichtig, wenn die Botschaft des heiligen Franziskus nicht entstellt werden soll, sich daran zu erinnern, dass es seine radikale Entscheidung für Christus war, die ihm den Schlüssel zum Verständnis jener Brüderlichkeit gegeben hat, zu der alle Menschen berufen sind und an der in gewisser Weise auch unbeseelte Wesen – von „Bruder Sonne" bis hin zu „Schwester Mond" – teilhaben.

Leonhard Lehmann 2007

Gebet und Meditation nehmen im Leben des hl. Franziskus eine zentrale Stellung ein. Sie sind das eigentliche Geheimnis seiner Person, die Quellen, aus denen er schöpft [...] In der stillen Abgeschiedenheit fast unzugänglicher Berggipfel, Schatten spendender Eichenhaine und wilder Wälder fand er Ruhe und über den Kontakt mit der Schöpfung auch den Kontakt mit dem Schöpfer. In der unberührten Natur berührte er den Saum des Unberührbaren ...

Leonardo Boff 2013

Diese Seinsweise des Franziskus, die sich am Liebevollen orientiert, erlangt heute eine besondere Bedeutung, denn der aktuelle Kontext ökologischer Gefährdung verlangt dringend nach neuer Sympathie für die Natur. nach einer wahren zärtlichen Hingabe und einer liebevollen Sorge gegenüber der Erde, unserer Mutter. Andernfalls wird es uns nicht gelingen, ihr eine hoffnungsvolle Zukunft zu gewährleisten. Wir haben es mit dem Hereinbrechen der Achsenzeit der Liebe zu tun.

Bernd Jaspert 2013

Franziskus beschränkte sich nicht wie die meisten *Pauperes Christi* auf das Predigen, die Mission. Daneben stellte er die Tat der christlichen Nächstenliebe, das Werk der Barmherzigkeit, die Pflege der Kranken und die Armenhilfe. Diese standen für ihn im Mittelpunkt eines christlichen Lebens. Und genau darauf warteten die Menschen.

Papst Franziskus 2013

Als die ausreichende Anzahl der Stimmen erreicht war, die mich zum Papst machen sollten, kam der brasilianische Kardinal Claudio Hummes zu mir, küsste mich auf die Wange und sagte: „Vergiss die Armen nicht." Bei der Erwähnung der Armen fiel mir sogleich Franziskus von Assisi ein. Ich dachte an die Armen und an die Kriege. Bereits während der Wahlgänge, deren Stimmenauszählung für mich „gefährlich" wurde, kam mir ein Name in den Sinn: Franziskus von Assisi. Franziskus, der Mann der Armut, des Friedens, der die Schöpfung liebte und sich um sie sorgte, ein Mann, der ein Gespür für den Frieden vermittelt, ein Armer. Wie sehr wünschte ich mir eine arme Kirche, eine Kirche für die Armen!

Literatur

Quellentexte

Standardausgabe der franziskanischen Quellentexte mit entsprechenden Einführungen:

Berg, Dieter / Lehmann, Leonhard (Hrsg.): Franziskus-Quellen. Die Schriften des heiligen Franziskus, Lebensbeschreibungen, Chroniken und Zeugnisse über ihn und seinen Orden, Kevelaer 2009.

Für die hier in modernisierter sprachlicher Gestalt wiedergegebenen Quellentexte wurde neben den originalsprachlichen Ausgaben u.a. zurückgegriffen auf:

Rederstorff, M., Die Schriften des hl. Franziskus von Assisi, Regensburg 1910.

Weitere Textsammlungen und Quellentexte

Bonaventura: Itinerarium mentis in Deum. Lateinisch und Deutsch. Hrsg. Julian Kaup. München o.J.

Karrer, Otto (Hrsg.): Die große Flut. Textgeschichte der Mystik. Hrsg. München 1926; 1978.

Ders. (Hrsg.): Der mystische Strom. Textgeschichte der Mystik. Von Paulus bis

Thomas von Aquin. München 1925; 1977.

Franz von Assisi: Die Werke. Übersetzt von Wolfram von den Steinen und Max Kirschstein. Hamburg 1958.

Die Legenda aurea des Jacobus de Voragine. Aus dem Lateinischen übersetzt von Richard Benz. 8. Aufl. Heidelberg 1975.

Franz von Assisi: Geliebte Armut. Texte vom und über den Poverello. Ausgewählt und eingeleitet von Gertrude und Thomas Sartory. Freiburg 1977.

Franz von Assisi: Die Demut Gottes. Meditationen, Lieder, Gebete. Übersetzt und kommentiert von Anton Rotzetter und Elisabeth Hug. Zürich 1980.

Franz von Assisi – Gotteserfahrung und Weg in die Welt. Hrsg. von Elisabeth Hug und Anton Rotzetter. Olten und Freiburg 1984.

Christliche Mystik. Texte aus zwei Jahrtausenden. Hrsg. von Gerhard Ruhbach und Josef Sudbrack. München 1989.

Sekundärliteratur

Aland, Kurt: Geschichte der Christenheit. Band I: Von den Anfängen bis an die Schwelle der Reformation. Gütersloh 1980.

Angenendt, Arnold: Geschichte der Religiosität im Mittelalter. Darmstadt 1997.

Auffarth, Christoph: Die Ketzer. Katharer, Waldenser und andere religiöse Bewegungen. München 2009.

Benz, Ernst: Ecclesia spiritualis. Stuttgart 1934; Darmstadt 1964.

Benz, Ernst: Die Vision. Erfahrungsformen und Bilderwelt. Stuttgart 1969.

Bernhart, Joseph: Die philosophische Mystik des Mittelalters. Von ihren antiken Ursprüngen bis zur Renaissance. München 1922; Darmstadt 1974.

Boff, Leonardo: Daß ich liebe, wo man haßt. Das Friedensgebet des Franz von Assisi. Düsseldorf o.J.

Boff, Leonardo: Franziskus aus Rom und Franz von Assisi. Ein neuer Frühling für die Kirche. Kevelaer 2014.

Boff, Leonardo: Franz von Assisi und die Liebe Gottes zu den Armen. Kevelaer 2010.

Bosl, Karl: Europa im Mittelalter. Wien 1970.

Ders.: Armut Christi. München 1981.

Buonaiuti, Ernesto: Die exkommunizierte Kirche. Hrsg. von Ernst Benz. Zürich 1966.

Cohn, Norman: Das neue irdische Paradies. Revolutionärer Millenarismus und mystischer Anarchismus im mittelalterlichen Europa. Reinbek 1988.

Dante Alighieri: Die Göttliche Komödie. In der Übersetzung von Karl Bartsch. Mit den Illustrationen von Sandro Botticelli, Wiesbaden ?2011.

Dettloff, Werner: Bonaventura, in: Klassiker der Theologie I. Von Irenäus bis Martin Luther. Hrsg. Heinrich Fries und Georg Kretschmar. München 1981, S. 198–211.

Dieterich, Veit-Jakobus: Franz von Assisi. Reinbek 1995.

Dinzelbacher, Peter (Hrsg.): Wörterbuch der Mystik. Stuttgart 1989.

Dinzelbacher, Peter / Hogg, J.L. (Hrsg.): Kulturgeschichte der christlichen Orden. Stuttgart 1997.

Feld, Helmut: Franziskus von Assisi. München 2001.

Ders.: Die Franziskaner. Stuttgart 2010.

Flasch, Kurt: Das philosophische Denken im Mittelalter. Von Augustin zu Machiavelli. 2. Erw. Auflage Stuttgart 2006.

Goez, Werner: Franciscus von Assisi, in: Theologische Realenzyklopädie (TRE), Berlin 1983 / 1993. Band 11, S. 299–307.

Grundmann, Herbert: Religiöse Bewegungen im Mittelalter. 4. Aufl. Darmstadt 1961.

Ders.: Studien über Joachim von Fiore. Darmstadt 1966.

Guardini, Romano: Der heilige Franziskus. Zürich. 1951.

Heer, Friedrich: Europäische Geistesgeschichte. Stuttgart 1953.

Ders.: Kindlers Kulturgeschichte des Abendlandes, Band IX/X: Mittelalter, von 1000 bis 1350. Teil 2. München 1977.

Heiler, Friedrich: Der Katholizismus. München 1973.

Holl, Adolf: Der letzte Christ. Stuttgart 1979.

Jaspert, Bernd: Christliche Frömmigkeit Band I. 2. verbesserte Auflage. Nordhausen 2013.

Jedin, Hubert (Hrsg.): Handbuch der Kirchengeschichte. Band III/2: Die mittelalterliche Kirche. Freiburg 1968.

Kantzenbach, Friedrich Wilhelm: Christentum in der Gesellschaft. Grundlinien der Kirchengeschichte. Alte Kirche und Mittelalter. Hamburg 1975.

Kern, Bruno: Die großen Gebete der Menschheit. Wiesbaden 2012.

Köpf, Ulrich: Franz von Assisi, in: Greschat, Martin (Hrsg.): Gestalten der Kirchengeschichte: Mittelalter I. Stuttgart 1983, S. 282 ff.

Langer, Otto: Christliche Mystik im Mittelalter. Mystik und Rationalisierung. Stationen eines Konflikts. Darmstadt 2004.

Lehmann, Leonhard: Sonnengesang, in: Praktisches Lexikon der Spiritualität: Hrsg. Christian Schütz. Freiburg 1988.

Leuschner, J. / Bookman, H.: Europa im Hoch- und Spätmittelalter. Stuttgart 1982.

Loewenich, Walther von: Der Weg des Evangeliums durch die Welt. München 1949.

Löwith, Karl: Weltgeschichte und Heilsgeschehen. Die theologischen Voraussetzungen der Geschichtsphilosophie. Stuttgart 1953.

McGinn, Bernard: Die Mystik im Abendland. Band 3: Blüte. Freiburg 1999.

Mohr, Walther: Waldes und das frühe Waldensertum, in: Zeitschrift für Religions- und Geistesgeschichte IX, 1957.

Mollat, Michel: Die Armen im Mittelalter. München 1984.

Molnar, Amadeo: Die Waldenser. Geschichte und europäisches Ausmaß einer Ketzerbewegung. Göttingen 1980.

Nigg Walter: Große Heilige. 10. Aufl. München 1981.

Ders.: Vom Geheimnis der Mönche. Zürich 1953; 1990.

Ders.: Das ewige Reich. Geschichte einer Hoffnung. Zürich 1954; München-Hamburg 1967.

Oechsle, Otto Gerhard (Hrsg.): Armut im Mittelalter. Ostfildern 2004.

Primetshofer, Bruno u.a. (Hrsg.): Franz von Assisi und die Armutsbewegung seiner Zeit. Wien 1987.

Raitt, Jill u.a. Hrsg.: Geschichte der christlichen Spiritualität. Band II: Hochmittelalter und Reformation. Würzburg 1995.

Reblin, Klaus: Franziskus von Assisi. Der rebellische Bruder. Göttingen 2006.

Rinser, Luise: Bruder Feuer. Frankfurt 1978.

Rotzetter, Anton (Hg.): Franziskus – ein Name als Programm. Kevelaer 2013.

Rotzetter, Anton: Franz von Assisi. Ein Anfang und was davon bleibt. Zürich 1981.

Rosenberg, Alfons: Joachim von Fiore – Das Reich des Heiligen Geistes. München-Planegg 1955.

Ruh, Kurt: Geschichte der abendländischen Mystik. Band II. Frauenmystik und Franziskanische Mystik der Frühzeit. München 1993.

Ders.: Zur Grundlegung einer Geschichte der franziskanischen Mystik, in: Ders.: Altdeutsche und altniederländische Mystik. Darmstadt 1964, S. 240–274.

Ders. (Hrsg.): Abendländische Mystik im Mittelalter. Symposion Kloster Engelberg 1984. Stuttgart 1986.

Runciman, Steven: Geschichte der Kreuzzüge. München 1957 ff.

Sanchez de Murillo José: Luise Rinser. Ein Leben in Widersprüchen. Frankfurt 2011.

Schütz, Christian (Hrsg.): Praktisches Lexikon der Spiritualität. Freiburg 1988.

Schmucki, Oktavian: Zur Mystik des hl. Franziskus von Assisi im Lichte seiner Schriften, in: Ruh, Kurt (Hrsg.): Abendländische Mystik im Mittelalter Stuttgart 1986, S. 241–268.

Stark, Rodney: Gotteskrieger. Die Kreuzzüge in neuem Licht. Berlin 2013.

Stiegemann, Christoph u.a. (Hrsg.): Franziskus. Licht aus Assisi. München 2011.

Thiele, Johannes; Die mystische Liebe zur Erde. Fühlen und Denken mit der Natur. Stuttgart 1989.

Tillich, Paul: Vorlesungen über die Geschichte des christlichen Denkens. Teil I. Urchristentum und Nachreformation. Hrsg. I.C. Henel. Stuttgart 1971.

Wehr, Gerhard: Christliche Mystiker. Von Paulus und Johannes bis Simone Weil und Dag Hammarskjöld. Regensburg 2008.

Ders.: Gefährten auf dem inneren Weg. Ausgewählte Beiträge zur Spiritualität. Königsdorf 2011.

Werner, Hans-Joachim: Eins mit der Natur. Mensch und Natur bei Franz von Assisi, Jakob Böhme, Albert Schweitzer und Pierre Teilhard de Chardin. München 1986.

Abkürzungen franziskanischer Quellentexte

Die franziskanischen Quellen sind hier nicht mit der Seitenzahl einer bestimmten Ausgabe zitiert, sondern mit der Bezeichnung der Quelle in Abkürzung sowie der entsprechenden Kapitel- und Versanagabe, sodass die entsprechenden Fundstellen mühelos in verschiedenen Textsammlungen aufgefunden werden können. Die Abkürzungen entsprechen denen der im Literaturverzeichnis aufgeführten, von Berg und Lehmann herausgegebenen Franziskus-Quellen.

BR	Bullierte Regel
1 C	Thomas von Celano, Erste Lebensbeschreibung
2 C	Thomas von Celano, Zweite Lebensbeschreibung
Erm	Ermahungen des hl. Franziskus
Fior	Fioretti / Blümlein des hl. Franziskus
GrTug	Gruß an die Tugenden
1 Gl	Erster Brief an die Gläubigen
LM	Bonaventura, Legenda maior
NbR	Nicht-bullierte Regel
PreisHor	Preisgebet zu allen Horen
Sonn	Sonnengesang
Test	Das große Testament des hl. Franziskus
Vat	Meditation zum Vaterunser
WFreud	Diktat über die wahre Freude